JN097512

Mon	Tue	Wed	Thu	Fri

1st

「少ない時数で

2nd

豊かに学ぶ」授業の

3rd

つくり方

脱「カリキュラム・オーバーロード」への処方箋

4th

奈須正裕 編著

5th

ぎょうせい

はじめに

　近年，カリキュラム・オーバーロード（curriculum overload：カリキュラムの過積載）が，国内外で深刻な問題となってきている。2017年版学習指導要領でも，様々な改革が進んだ一方で，小中学校の在来の各教科等の内容については従来どおりの水準と時数が維持され，さらに小学校の英語教育やプログラミング教育等，新たな内容が追加された。また，STEAM教育やSDGsに対応する教育の導入と推進等に関しても，活発な議論がなされている。

　2017年版学習指導要領の理念である社会に開かれた教育課程や資質・能力を基盤とした学力論，主体的・対話的で深い学びの実現に向けては，less is more（少なく教えて豊かに学ぶ）を原理とし，多様な人々との出会いや豊かな活動・体験を足場に，十分な時間をかけじっくりと学び深めていくことが望まれるが，すでにカリキュラムは大幅なオーバーロード状態にあり，その展開が危ぶまれる。

　また，職場としての学校現場の「ブラックさ」も悪化の一途をたどっている。これに対し，「働き方改革」を推進する様々な方策が検討され，順次実行に移されているものの，学校と教師にとって最大の基盤的条件ともいえるカリキュラムがオーバーロードのままでは，いずれの方策もどれだけ成果を上げられるのか，大いに心もとない。

　このように，2017年版学習指導要領の理念を実現し，さらに次期の学習指導要領を展望する上で，オーバーロードの解消は喫緊の課題といえよう。本書は，カリキュラム・オーバーロードを巡る国内外の現状を整理するとともに，我が国の実情に即して，理論と実践の両面からその解消に向けた様々な検討を加えることを目的に編まれた。

　あえて我が国の実情に即してと断ったのは，我が国では教育内容の選択はナショナル・カリキュラム・スタンダード（国家レベルの教育課程の基準）である学習指導要領によって規定されており，総合的な学習の時間を別にすれば，各学校の裁量範囲は決して大きくはない。ほぼ唯一の例外は，実践研究に基づく新しい教育課程や指導方法の開発を意図して，学習指導要領等によらない教育課程の編成・実施が

認められた研究開発学校であろう。

　折しも，直接間接にオーバーロードの解消につながる主題を掲げた研究開発学校が４校あり，執筆をお願いした。それぞれにユニークなアプローチを展開しているが，研究途上の学校もあり，スリム化の成果が具体的な数字となって表れているのは，福岡教育大学附属福岡小学校のみである。それでも，同校が達成した733時数の縮減という数字には大いに驚かされる。

　なお，そのうち432時数が内容のスリム化によるもので，残る301時数は教育方法の工夫による成果である。カリキュラム・オーバーロードとは一般に対授業時数での内容の過剰を意味するが，内容に直接手出しができない我が国の学校現場においては，様々な教育方法上の工夫により，年間指導計画という意味でのカリキュラムについて，活動や教材の水準でのスリム化に取り組むことが，オーバーロード解消への主要なアプローチとなる。

　具体的には，「主たる教材」としての教科書の取り扱いに関する工夫，教科等横断的な視点に立ったカリキュラム・マネジメント，GIGA スクール構想により配備が進む一人一台のパソコンなど ICT の利活用，2021年１月26日の中教審答申「『令和の日本型学校教育』の構築を目指して」で打ち出された個別最適な学びの展開など，様々な原理や道具立てによる事例を，本書ではオーバーロード解消の取組として紹介している。

　本書が，すべての子どもが納得いくまでじっくりと学び深める中で，豊かな資質・能力を着実に実現できるカリキュラムの創造に少しでも貢献できるならば，望外の幸せである。

2021年７月　奈須正裕

「少ない時数で豊かに学ぶ」授業のつくり方―脱「カリキュラム・オーバーロード」への処方箋
■ 目 次 ■

[ソリューション編]

第4章— solution 1
コンピテンシー・ベイスを原理としたカリキュラムのスリム化

	Mon	Tue	Wed	Thu	Fri
1st					
2nd					
3rd					

理論編

	Mon	Tue	Wed	Thu	Fri
4th					
5th					
6th					

第1章—theme 1
カリキュラム・オーバーロードをめぐる国際的な動向

文部科学省初等中等教育局初等中等教育企画課教育制度改革室長
白井　俊

1　国際的な共通課題としてのカリキュラム・オーバーロード

⑴カリキュラム・オーバーロードとは

　グローバル化や ICT 化，AI（人工知能）やビッグデータの普及など，社会の変化に伴って，学校教育においても新しい内容を扱っていくことが求められる。例えば，グローバル化の進展に対応した外国語教育の充実，AIの普及に対応したプログラミング教育の導入などは，多くの国で行われている。しかしながら，カリキュラムに追加される内容があまりにも多くなると，生徒は「浅く，広く」学ぶだけで，本質的な理解に至らないままに学習を終えてしまう可能性がある。また，教師にとっても，十分な準備ができないままに授業に臨まなければならなくなるなど，結果的に教育の質の低下につながることが懸念される。これが，オーバーロードの問題の本質である。

　英語の overload は，「過積載」や「過剰負担」を意味する言葉であり，カリキュラム・オーバーロードとは，一般に，カリキュラムの内容が過多になっていて，学校や教師，生徒に過大な負担がかかっている状態として捉えられている。なお，日本でも教師を含めた「働き方改革」が注目されているように，カリキュラム・オーバーロードは，学校や教師の業務量の多さの問題と重複する部分はあるが，例えば，働き方に対する社会的な認識や教師に対する期待などに起因する業務全体の過剰負担（ワーク・オーバーロード）の問題とは切り分けて考える必要がある。カリキュラム・オーバーロードとは，カリキュラムに起因して生じる負担の問題として整理して捉える必要がある（OECD, 2020）。

　カリキュラムに新しい内容が追加される場合，授業時間や子どもたちの学習時

間，教師の準備時間が有限である以上，一定のスクラップ・アンド・ビルドが行われない限り，生徒や教師の負担が増大していくことは当然である。ところが，既にカリキュラムに含まれている教科やトピックなどについて，そのうちのどれを外していくかということは，きわめて難しい判断を伴う。例えば，近年では，数学のカリキュラムにおいて，データの分析などに関するコンテンツが追加されるようになっているが，それに見合った分，何らかのトピックを減らさなければ，内容的には増大する一方である。しかしながら，実際に，三角関数やベクトル，微分・積分などのコンテンツを減らすことができるかというと，決して容易でないことは想像に難くないだろう。そのことは，数学に限らず，他の教科科目でも生じ得る問題である。もちろん，教科科目を越えてスクラップ・アンド・ビルドを行うことも可能だが，例えば，社会科のコンテンツを増やした場合に，それに見合った分のコンテンツを，他の教科（例えば，国語や理科）から減らせるかというと，それと同等以上に難しい判断になるのが実態である。ノルウェーの教育研究省の報告書においても，新しいニーズに応えるためのコンテンツが追加される一方で，既存のコンテンツはそのまま維持されるため，結果的にカリキュラム全体が肥大化する傾向にあることが指摘されている（Ministry of Education and Research〔Norway〕，2015）。

⑵カリキュラム・オーバーロードを取り巻く状況の推移

　オーバーロードが問題になってくると，これを解決するためにカリキュラムの内容を精選するといった動きが生じてくることは当然である。実際，カリキュラム政策については，国内外を問わず，「振り子現象」と呼ばれるように，内容を増大させる方向のベクトルと，内容を減少させる方向のベクトルの二つの方向の間を揺れ動いてきている（有本，2012）。「振り子現象」が生じているということは，程度の違いこそあるにせよ，カリキュラムを減らす（あるいは増やす）必要があるとの一定の認識があって，それを改善するための政策判断が行われてきたことの証左とも言える。実際，今から80年以上前に書かれた論文においても，オーバーロードについて言及するものが見られる[1]し，オーバーロードの問題が，現代に固有の課題というわけではないだろう。ただし，現代的な課題としては，社会の変化や技術の発展が急速になったことにより，学校教育に対して求められる内容が，より深刻化している可能性はある。以下，近年の国際的な動向を概観してみよう。

①1990年代後半から21世紀初頭にかけての動き

　1990年代後半から21世紀初頭においては，OECD による PISA（Programme for International Student Assessment；生徒の学習到達度調査）が始まるとともに，様々な組織等から，いわゆる「21世紀型スキル」の提案が出されるなど，ICT が急速に普及する中で，従来の教育のあり方に対する変革が求められるようになった時期である（白井，2020）。この時期，カリキュラム・オーバーロードの問題が，UNESCO（国連教育科学文化機関）の報告書においても取り上げられたほか，日本やシンガポールにおいては，カリキュラムの削減に向けた具体的な取組が行われている。

【UNESCO】

　2003年に UNESCO が公表したレポートにおいて，カリキュラム・オーバーロードの問題が取り上げられている。このプロジェクトに参加しているのは，東アジア及び東南アジアの11か国[2]に限られてはいるが，これらの国を対象とした分析において，多くの国でオーバーロードの状況が見られるとしている。この時期には，特に，環境問題や市民参画，HIV・AIDS など健康に関する問題などの新しい課題が注目を集め，こうしたテーマが教育の中に加わっている。こうした事情も，オーバーロードの問題の悪化につながったと指摘されている。（UNESCO，2003）。

【日本】

　1990年代後半の時期，日本はカリキュラム政策の転換期を迎えていた。1998年・1999年に改訂が告示された学習指導要領は，一般に「ゆとり教育」と呼ばれているように，ゆとりのある教育活動を展開する中で，基礎・基本の確実な定着を図り，個性を生かす教育を充実すること等が目指され（教育課程審議会，1998），そのために，学習内容も2割から3割程度減らすこととされた[3]。

　こうした政府の動きに対して，学力低下に対する懸念が各方面から示され，いわゆる「学力低下論争」が起きるなど，学習指導要領改訂の方向性について，大きな議論となったのである。文部科学省は，既に2002年の段階で，発展的な学習を公に認める形で一定の方向転換を示していたが，こうした方向性は，さらに PISA2003（公表は2004年）や，PISA2006（同，2007年）の結果が低迷し，「PISA ショック」と呼ばれる状況が生じたことで，事後的にも追認されることとなった。

【シンガポール】

　日本より遅れるが，比較的近い時期に，学習コンテンツを大幅に減らしていく方

針を打ち出したのがシンガポールである。それを象徴するのが，2004年に表明され，本格的には2005年から始まった "Teach Less, Learn More"（TLLM；「より少なく教え，より多く学ぶ」）イニシアティブである。

　TLLM の導入は，シンガポールが早い段階で明確にしていた「21世紀型コンピテンシー」の育成と連動するものであり，テストや入試のために教えることを超えて，生徒に寄り添いながら，その人生に向けた準備ができるようにするものであり，生徒自らが主体的に行う探究的な学習を重視するものである（Tan et al, 2017）。そのためには，教師が準備をするための時間が必要であることから，学校における非常勤の教師やサポート・スタッフを充実させて教師の負担を軽減するとともに，コンテンツ自体を減らすことで，教師が計画を練ったり，振り返りや成果の共有などを行うための十分な時間を確保することを目指したものである（Tan et al, 2008）。

　なお，日本の場合と異なり，TLLM はその後も定着を見せている。その背景の一つとして，「ボトムアップのイニシアティブを，トップダウンでサポートする」という理念があったことが挙げられている。特に，政府が主導して教師を増員したり，パラ・エデュケーターとしてスクール・カウンセラーや特別支援員，部活動支援員などの採用などに取り組んだことなどが効果的であったという（Ministry of Education（Singapore），2013）[4]。

②21世紀初頭以降の動き

　2010年代に作成された各国政府などの報告書においては，オーバーロードについての認識が明示的に示されている場合が見られる。特に，2015年から始まったOECD の "OECD Future of Education and Skills 2030"（以下，「Education2030」）プロジェクトでは，オーバーロードが，OECD 加盟国を中心に多くの国や地域における国際的な共通課題として認識されるに至っている。

【イギリス】

　2009年に，ケンブリッジ大学のチームによって公表された初等教育段階のカリキュラムに関する報告書では，政府が示すカリキュラムについて，幅と深さの適切なバランスを満たしているなど，好意的に受け止められていると評価している。その一方で，「法令で求められている各教科について，生徒が適切に理解できるようにするために，教師に十分な時間を確保していない」として，オーバーロードが生じているといった声が出ているなどの課題についても指摘している（Alexander &

Flutter, 2009)。また，2011年にイギリスの教育省が専門家チームと行ったカリキュラムの見直しに関する報告書では，オーバーロードを防ぐため，カリキュラムに関する法令上の要件を緩和して，学校が状況に応じた最適な判断を下すことができるよう，その裁量を拡大することを提案している（Department of Education（U.K.），2011）。

【オーストラリア】

　オーストラリア政府が行ったカリキュラムのレビューは，オーバーロードの問題が明示的に取り上げており，特に小学校段階におけるコンテンツが多すぎて，学習の質の低下につながっていると指摘している（Australian Government, 2014）。実際，同国の小学校長会は『オーバーロードが生じている初等教育のカリキュラム：前に向かって』と題する報告書を公表しているが，オーストラリアの初等教育における教科科目の数やカリキュラムに関する文書のページ数，授業時間数などについて，他の国との比較などを示しながら，オーバーロードが生じている状況を説明している。また，オーバーロードの原因として，カリキュラム策定が各教科科目ごとの各論に陥りがちで，全体を見る視点が希薄なことなどを挙げながら，具体的な対応策として，全体的にコンテンツを減らすよう見直すとともに，経済やビジネスに関する学習などを小学校から中学校に移すことなどを提案している（APPA, 2014）。

【ノルウェー】

　ノルウェーの教育研究省が2015年に示した報告書でも，カリキュラム・オーバーロードに関する明示的な記述が見られる。ここでは，オーバーロードが生じるのは，「新しい教科コンテンツが追加されても，既存のコンテンツから外されるものがない場合」であるとしたうえで，「教科のカリキュラムにおいてコンピテンシーに焦点を当てることは，カリキュラム・オーバーロード対策としても機能し得る。なぜなら，そこで問題になるのは，何らかの素材を教科から外したり入れたりという話ではなくて，どの教科やどのような学習方法が，求められるコンピテンシー育成の観点から選ばれるのかということである」と述べており，コンピテンシーの視点からの見直しを提言している（Ministry of Education and Research（Norway）, 2015）。

【アイルランド】

　アイルランドでは，カリキュラム・評価審議会（National Council for Curriculum and Assessment；NCCA）が2010年に公表した「小学校におけるカリキュラム・オーバーロード」と題する報告書において，イギリスやオーストラリア，ニュージー

ランドなど，他の英語圏を中心とした国の状況についての文献調査なども含めながら，オーバーロードの定義や原因，対応策等について検討している。オーバーロードの原因については，①カリキュラムの構成や教科書に起因すること，②評価やガイドラインなどカリキュラムの周辺事情に起因すること，③学校の多忙化に起因すること，という3つの観点からの分析を示している（NCCA，2010）。

【OECD】

　2015年から始まったEducation2030プロジェクトは，2030年という近未来を想定したキー・コンピテンシーについての検討を行うものだったが，同時に，そうしたコンピテンシーの育成につながるカリキュラムのあり方や関連する課題についても検討を進めてきた。同プロジェクトにはOECD非加盟国も含めて40を超える国や地域が参加しているが，そうした多様性のある枠組みにおいても，カリキュラム・オーバーロードが各国に共通するカリキュラム課題として認識されている。

③オーバーロードについての政府等の認識

　上記のイギリスやオーストラリア，ノルウェーのように，国や政府などのレベルでオーバーロードの発生を明示的に認めるケースはあるものの，カリキュラム・オーバーロードの発生を公式に認めることは，決して容易なことではない。なぜなら，カリキュラムは，各学問分野の原理原則や新しい学術の発展などを踏まえるだけでなく，様々なステイクホルダーからの要望などを含めて，緻密な政治的なバランスの上に立脚しているからである。コンテンツの削除は，そうした政治的バランスを破壊してしまう可能性があり，慎重にならざるを得ない面がある（OECD，2020）。

　実際，筆者がこれまで対話を重ねてきた各国教育省の行政官も，個人の立場としてはオーバーロードの問題に懸念を示しながらも，政府として明示的に課題として認めることについては，慎重な立場を崩さないことも多かった。したがって，個別の政府報告書等で明示的に扱われていないからといって，各国教育省が問題意識を持っていないわけではないことには，十分留意する必要がある。その意味でも，上記のEducation2030プロジェクトにおいて，オーバーロードが各国の共通課題とされていることは，各国の問題意識を正確に把握する上で，大きな手掛かりになると考えられる。

8

⑶カリキュラム・オーバーロードの判断

　さて，カリキュラム・オーバーロードが課題だと認識されているとしても，何をもってオーバーロードが生じていると判断するかについては，特に以下のような課題が挙げられる。

①客観的な指標設定の困難さ
　第一に，オーバーロードを判断するための客観的な指標を設定することが難しいことがある。例えば，前述のオーストラリア小学校長会（APPA）が作成した報告書では，カリキュラム・オーバーロードの発生を4つの観点から判断している。すなわち，①小学校段階における教科科目の数が16に上っていること，②他の英語圏の国などと比較しても，カリキュラムを示す文書のページ数や文字数が多いこと，③各コンテンツに用いることができる授業時間数が限られており，生徒の理解を得るだけの十分な時間がないこと，④約9割の学校長が，カリキュラムを策定した機関であるオーストラリア・カリキュラム・評価・報告機構（ACARA）が推奨するような形での実施は無理だと判断していることなどを，オーバーロードが生じていると判断した根拠として挙げている（APPA, 2014）。

　しかしながら，これらの基準を個別に見ていくと，必ずしも具体的な判断基準とはならないことが明らかになるだろう。例えば，もっとも定量的に比較しやすい授業時間数についてOECDが示すデータによると，確かに，オーストラリアの義務教育段階における授業時間が多いことは明らかである（**図1**参照）が，OECD平均よりも授業時間数が短い日本や韓国，トルコ，フィンランド，中国などにおいてもオーバーロードに対する懸念の声が生じていることを踏まえると，やはり，そのことだけをもって決定的な要因と捉えることは困難だろう。

②環境や条件による違い
　第二に，オーバーロードが生じているかどうかは，教育を取り巻く環境や条件に依存することを避けられない。例えば，非常に分量が多いカリキュラムであっても，きわめて高い学力の生徒集団の場合には，オーバーロードの問題があるとは認識されないかもしれない。同様に，教師についても，経験豊富な教師であれば何ら負担

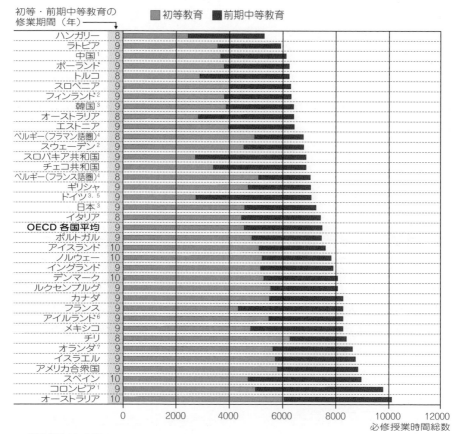

初等・前期中等教育の修業期間（年）

凡例：■ 初等教育　■ 前期中等教育

国名	修業期間（年）
ハンガリー	8
ラトビア	9
中国[1]	9
ポーランド	9
トルコ	8
スロベニア	9
フィンランド[2]	9
韓国[3]	9
オーストラリア	8
エストニア	9
ベルギー（フラマン語圏）[4]	8
スウェーデン[2]	9
スロバキア共和国	9
チェコ共和国	9
ベルギー（フランス語圏）[4]	8
ギリシャ	9
ドイツ[3, 5]	9
日本[3]	9
イタリア	8
OECD 各国平均	9
ポルトガル	9
アイスランド	10
ノルウェー	10
イングランド	9
デンマーク	10
ルクセンブルグ	9
カナダ	9
フランス	9
アイルランド[6]	9
メキシコ	9
チリ	8
オランダ[7]	9
イスラエル	9
アメリカ合衆国	9
スペイン	10
コロンビア[1]	9
オーストリア	10

必修授業時間総数（0, 2000, 4000, 6000, 8000, 10000, 12000）

1　調査年は 2012 年
2　授業時間配分が複数学年にわたる柔軟なものであるため，教育段階別時間数は推定。
3　調査年は 2013 年
4　生徒全体に対しては，15 〜 16 歳までにフルタイムの教育を受けることが義務付けられているが，普通教育コースの生徒は 18 歳まで教育を受けなくてはならない。
5　義務教育の最終学年（前期中等教育にも後期中等教育にも分類される場合がある）を除く。
6　前期中等教育は実際の授業時間数。
7　前期中等教育の学年数は，コースによって 3 年または 4 年。
資料：OECD, 表 D1.1. 付録の注を参照（www.oecd.org/ edu/eag.htm）.
StatLink:http://10.1787/8889331 19625

図 1　普通プログラムの必修授業時間数（2014 年）（OECD, 2015）

とは感じられなくても，若手などの場合には，準備に多大な時間を要する場合もあるだろう。また，十分な数の教師が配置されていたり，あるいは，家庭における学習のサポート体制が充実していたり，塾や家庭教師など学校外での教育が社会に浸透しているなどの場合には，オーバーロード問題が顕在化しない可能性もある。さらに，入試が重要な位置付けを持っている場合には，カリキュラムに本来求められ

る以上の役割が期待される場合があるため，カリキュラムを変更しても十分な対策にならないことも考えられる。

　結局のところ，全く同じ内容のカリキュラムであっても，ある環境や条件下ではオーバーロードになるが，他の環境や条件下ではそう認識されない可能性があるなど，オーバーロードの問題自体が，きわめて相対的な問題であることに留意する必要がある。

2　カリキュラム・オーバーロードの原因と対応策

(1)カリキュラム・オーバーロードの原因

　次に，カリキュラム・オーバーロードの原因について考えてみよう。様々な原因が考えられるが，大別すると，①新たなコンピテンシーやコンテンツに対するニーズの発生に伴うもの，②教師や生徒・保護者の反応に伴うもの，に整理される（OECD，2019）。

　はじめに，①については，社会の変化や技術の発展に伴って，恒常的に生じる課題である。前述のユネスコの報告書においても，2003年頃の問題として環境問題やHIV・AIDSなどが挙げられていたが，近年では，特にICTやAIなどの発展に伴い，例えばイギリス，ハンガリー，ロシアなどで初等教育段階からプログラミングに関する教育が追加される事例が見られる[5]（文部科学省委託調査報告書，2014）。

　新たなコンテンツを追加するために，新たな教科科目を設定することも考えられるが，既存教科科目に単元や領域を追加することによって，当該教科のカバー範囲を広げることも可能である。例えば，保健では，伝統的なコンテンツである心身の健康や発達に関することに加えて，近年では，生活上の安全や食育に関することも扱われるようになっている。また，理科や社会科も，地球温暖化や生物多様性など，より広いテーマを含むようになってきている。従来型の教科という枠組みにとらわれずに，日本の総合的な学習（探究）の時間やフィンランドの現象学習のように教科横断型の学習を取り入れる場合もある。

　なお，新しい内容をカリキュラムに追加するといっても，政府などが策定するカリキュラムの文書に書き込むだけでは足りないのは明らかである。新しい内容を教

えるために，教師に十分な準備ができているのか，研修の機会はあるのか，適切な教科書や教材はあるのか，ICT などの必要な環境は整っているのか，といった様々な要素を考慮する必要がある。これらの諸条件がそろわなければ，カリキュラムに文言を書き入れたとしても，十分な成果が期待できないことには特に留意すべきである。

　次に，②の教師や生徒・保護者の反応については，一つには，教師自身がオーバーロードを作り出している要因となっている場合があることに留意する必要がある。すなわち，教師自身は各教科の専門家であるため，各学問分野の専門的な観点から，学習内容の削減に対して慎重な考えを持つことも当然あり得るだろう。実際，自分自身も教わってきて，また，教師として長年教えてきたコンテンツを削ることに対する抵抗感もあるだろう。結果的に，総論としてはオーバーロードの問題を認識しながらも，自らの専門教科についての各論については，オーバーロードを容認したり，むしろコンテンツの追加を求めている可能性も考えられる。前述のオーストラリアにおける報告書でも，カリキュラム改訂の議論が各教科ごとに行われることが，全体としてのカリキュラム削減という動きにつながっていないと指摘している（APPA，2014）。

　また，生徒や保護者からの期待や要請については，例えば，日本では入試を重視する傾向が根強く，より多くのことをカリキュラムにおいて教えるべきとの期待が強いと指摘される。実際，日本の高等学校においても，主に大学入試対策のために，「演習」などの形で授業が設定されていたりするケースがあるが，これらも，国が定めるカリキュラムを超えて学校ごとに独自に設定されているものであり，オーバーロードにつながるものである。

⑵カリキュラム・オーバーロード問題への対応策

　以上，カリキュラム・オーバーロードを取り巻く状況やその発生原因を見てきたが，この問題に対応していくためには，どのような解決策が考えられるだろうか。カリキュラムが過多になっている状況が問題の本質である以上，何らかの形で，カリキュラムに含まれる内容を減らすことが必要になる。ここでは，各国の取組を参考にしながら，主な解決策について検討してみたい。

①カリキュラムの内容の見直し

　カリキュラムの内容が過多な場合には，一定のコンテンツを削減するか，あるいはスクラップ・アンド・ビルドしていくことが必要である。しかしながら，上述のように，現在のカリキュラムから特定のコンテンツを除外することは，決して容易ではない。前述のユネスコの報告書においても，日本から「教科の中に新しいアイテムを加えることは，非常に難しいことではないが，アイテムを減らすことは，むしろ難しいことである」との報告があったと記載されている（UNESCO, 2003）。当時，コンテンツを大幅に削減するという大胆な取組を行った日本においても，そのように認識されていたことは貴重な教訓となるだろう。

　重要なのは，どのようなコンテンツをカリキュラムに入れるのか（あるいは入れないのか），を判断する基準である。その際の手がかりになるのが，コンピテンシーの考え方である。すなわち，カリキュラムの目標がコンピテンシーの育成にあるとすれば，コンピテンシーの育成につながるコンテンツを優先し，そうでないコンテンツを削除していくのは当然だろう。この点，OECDのEducation2030プロジェクトにおいて行われているのが，カリキュラム・コンテンツ・マッピング（Curriculum Contents Mapping; CCM）という取組みである。このCCMは，各教科に含まれる個別のコンテンツが，どのようなコンピテンシーの育成につながっているのか（あるいは，つながっていないのか）を明らかにすることをめざすものであり，具体的には，国や州等が策定しているカリキュラム文書（日本では学習指導要領）を対象に，コンテンツとコンピテンシーの関係性を図示するものである[6]。

　図2は，ロシア，カナダ（オンタリオ州），日本，韓国の4か国を対象にして行っ

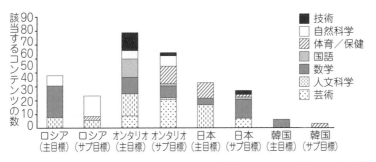

注：韓国については，コンピテンシー育成として確認されたのは，数学と体育／保健の2教科のみである。

OECD CCM パイロット調査より

図2　批判的思考力と各教科の関係性

た CCM のパイロット調査の結果であるが，批判的思考力が，どの教科で育成をめ
ざすこととされているかをまとめたものである。例えば，日本やカナダでは社会科
が中心的な教科となっているが，ロシアや韓国では数学が中心になっている。また，
日本では保健体育の比重が多いのに対し，他の国での扱いは低いことが分かる。す
なわち，同じ批判的思考力の育成であっても，それを育成しようとする教科自体が，
国により大きく異なっていることである。ここから示唆されるのは，仮に，ある国
が当該教科の役割を重視していても，他の国において重視されていないとすれば，
本当にその判断が適切なのか，抜本的な見直しの可能性があるということである。

②カリキュラムのデザインにおける工夫

　次に，カリキュラムで扱われるコンテンツが多ければ，どうしても全てを理解す
ることが困難だったり，個別の内容を忘れてしまうといったことが生じる。そのた
め，各学問分野において，特に重要な概念や考え方，思考パターンなどに焦点を当
てるアプローチが注目されている。キー・コンセプト（key concepts）やビッグ・
アイディア（big ideas）と呼ばれることが多い。

　例えば，カナダのブリティッシュ・コロンビア州では，各学年・各教科ごとに，
ビッグ・アイディアが設定されている。同州の説明によれば，ビッグ・アイディア
は，「各学習領域における（概念の）一般化や原理，鍵概念などから構成されるも
の」「各学年のカリキュラム修了の時点で生徒が理解するもの」であり，「生徒には，
ビッグ・アイディアを当該学年だけでなく次の学年や卒業後においても活用してい
くことが期待される」という（Province of British Columbia, n.d.）。小学校5年生向
けの社会科のカリキュラムを見ると，ビッグ・アイディアとして「カナダのマイノ
リティーに対する政策は，彼らに正の遺産と負の遺産の両方を残した」「天然資源
は，カナダの各地域の経済やアイデンティティを形作り続けている」といったこと
が挙げられている（Province of British Columbia, 2016）。

　一方，各学問分野における固有の思考方法や考え方などに焦点を当てるアプロー
チとして，ニュージーランドにおけるキー・コンセプトが挙げられる。これは，「生
徒が学校を卒業し多くの詳細な内容を忘れてしまった後でも，なお生徒の中に残る
ことが期待される考え方や原理についての理解」であるとされている（田熊・秋田,
2017）。例えば，高校レベルでの歴史分野におけるキー・コンセプトにおいては，
「原因と結果」について，「歴史家は，歴史上の事象の理由と結果について調査する。

つまり過去の事象の原因と，その事象が人々の生活と社会に及ぼした影響について議論する。歴史家は，各事象が，相互にどのように関連し合っているかを研究し，テロ行為や革命，移民など，広く認識されているテーマや考え，運動などを浮き彫りにする」（田熊・秋田，2017）といった形で，歴史の専門家がどのように考えるのかという点を重視していることが分かる。各学問分野が，どのような視点や考え方を重視していくのかを理解することができれば，そうした視点や考え方を，一つの単元だけでなく，様々な単元に転移（transfer）して活用できる。例えば，近現代史を学ぶ中で得た歴史学的な視点や考え方を，その他の時代に関する学習においても活用できれば，より効果的に，歴史全体を深く学ぶことができるだろう。

　なお，日本の学習指導要領（2017年・2018年改訂）で導入された各教科等の「見方・考え方[7]」も，各教科ごとの専門的な視点や考え方を働かせることを通じて，深い理解に至ることをめざすものであり，ニュージーランドのキー・コンセプトの考え方に極めて近いものと言える。

③学校や教師の裁量の拡大

　次に，国や州などのレベルでカリキュラムを細かく規定するのではなく，学校や教師により広い裁量を認めることで，現実的に妥当な解決策に導く方策が考えられる。それぞれの地域や学校の状況に応じて，カリキュラムを減らすなど柔軟かつ現実的な対応が促進されるだろう。

　もっとも，こうした対策は，地域や学校ごとの格差を生みだす可能性があることにも留意する必要がある。実際，連邦制国家であるオーストラリアでは，州ごとに策定していたカリキュラムを，全国統一のカリキュラムに変更したし，アメリカにおいても，コモン・コア・スタンダードと呼ばれる統一的な基準が普及してきている。

　また，仮に各学校レベルでカリキュラムの内容を減らそうとしても，入試などで不利になることがないような制度的な担保がなければ，そのような判断は困難だろう。例えば，日本の高等学校において卒業までに修得が必要な単位は74単位であるが，多くの学校において，受験対策や進路指導などの観点から，これを大きく上回る単位での指導が行われている。学校に対しては，生徒や保護者をはじめ，社会からの期待もあることから，学校や教師の裁量を増やすことだけでは限界があることにも留意が必要である。

④カリキュラム策定に関する手続きの見直し

　カリキュラムの内容を見直すために，策定の手続き自体を見直していくことも考えられる。前述のように，教師をはじめ各分野の専門家の場合，どうしても自らが関わる教科や分野を手厚くするよう求めがちになる。そこで，あらかじめオーバーロードを含めたカリキュラム全体の状況を，各教科の専門家に十分に理解してもらうことで，より現実的な解決策を創り出していくことが考えられる（APPA, 2014）。

　また，ICT教育や金融教育，租税教育などについては，ICT業界や金融業界など，それぞれのコンテンツに関係の深い利害関係者が存在する。これらの利害関係団体が，それぞれの関係分野に関するコンテンツを入れるように求めることは，ある意味当然であるし，それぞれのコンテンツの重要性についても，否定できない場合が多い。しかしながら，そうした部分的な主張がカリキュラムに入りこむことで，結果的にオーバーロードが悪化する可能性がある。カリキュラム策定の初期段階から，利害関係者と丁寧に議論していくことで，オーバーロードを含めたカリキュラム全体についての相互に理解が深まり，結果的に妥当な内容に落ち着くことが期待される。

(3)今後の検討に向けて

　以上，主なオーバーロードへの対策を検討してきたが，それらも，必ずしも絶対的な解決策と言えるものではない。むしろ，ある対策を講じたことで，予想外の別の課題が生じることもある。そうした「予期せぬ結果（unintended consequences）」の発生も踏まえて，OECDでは5つの教訓をまとめているので，最後に紹介しておこう（OECD, 2020）。

・学習内容の「広さ」と「深さ」について，適切なバランスをとること
・カリキュラム・デザインの基本原理として，「焦点化（focus），厳格性（rigor），一貫性（coherence）」を組み合わせて用いること[8]
・カリキュラムが減った一方で，家庭での宿題が増えるなど「宿題のオーバーロード」が生じないようにすること
・校長や教師が，カリキュラムについて適切に判断できるよう工夫・支援すること
・オーバーロードが，生徒の成功（success）やウェルビーイング[9]を脅かすものであるという認識を共有すること

[注]

1　例えば，Loomis, A. (1939). The overcrowded curriculum. The Journal of Educational Research, 32(6), pp 457–459.

2　参加国は，カンボジア，中国，インドネシア，日本，韓国，ラオス，マレーシア，モンゴル，フィリピン，タイ，ベトナムの11か国である。

3　日本の1998年・1999年の学習指導要領改訂については，国内では学力低下を加速させるものとして，大きな批判の対象となった。もっとも，その際に導入された「総合的な学習の時間」は，近年，世界的に普及しつつある真正の学び（authentic learning）やプロジェクト型学習（PBL）などの理念に合致するものでもあり，現在に至るまで継承されている。また，特にカリキュラム・オーバーロードの観点からは，既存のカリキュラムの内容を大胆に削減した先駆的な事例として，その教訓なども含めて，諸外国からも改めて注目されている。

4　但し，シンガポールにおいても，TLLM は教師の視点に立つ政策であるとして，より生徒の視点に立った政策への移行が目指されている。https://www.straitstimes.com/singapore/education/the-next-steps-to-learning-for-life ,accessed on 25 Sep, 2020)。

5　日本でも，2018年の学習指導要領改訂により，小学校段階からプログラミングを扱うこととされている。

6　CCM の具体的な方法論については（白井，2020）を参照。

7　例えば，歴史の「見方・考え方」については，「時期，年代など時系列に関わる視点，展開，変化，継続など諸事象の推移に関わる視点，類似，差異など諸事象の比較に関わる視点，背景，原因，結果，影響，関係性，相互作用など事象相互のつながりに関わる視点，現在とのつながりなどに着目して，比較したり，関連させたりして社会的事象を捉えることとして整理したものである」とされている（文部科学省，2018）

8　「厳格性（"rigor"）」は，「教科で取り上げられるトピックが挑戦的で深い考察や振り返りを可能にするものであること」とされている。(OECD，2020) では，質の高い学習のために，より少ないトピックとすること（「焦点化」"focus"）もカリキュラムのデザイン原理の一つとしているが，特に厳格性と焦点化のバランスが重要であると指摘する。

9　ウェルビーイングは，一般に心身ともに良好な状態を意味する。OECD のウェルビーイングについての考え方については，OECD (2020), How's Life? 2020: Measuring Well-being, OECD Publishing, Paris 参照。

【参考文献】

・有本昌弘「カリキュラムをめぐる振り子現象．」安彦忠彦ほか編『よくわかる教育学原論』ミネルヴァ書房，2012年

・教育課程審議会「幼稚園，小学校，中学校，高等学校，盲学校，聾学校及び養護学校の

教育課程の基準の改善について（答申）」1998年
・白井俊著『OECD Education2030プロジェクトが描く教育の未来』ミネルヴァ書房，2020年
・『図表でみる教育 OECD インディケータ（2014年版）』明石書店，2015年
・田熊美保・秋田喜代美「新しい学力像と評価のあり方」佐藤学ほか編『学びとカリキュラム』（岩波講座　教育　変革への展望5）岩波書店，2017年
・文部科学省「平成 26 年度・情報教育指導力向上支援事業『諸外国におけるプログラミング教育に関する調査研究』報告書」2014年
・文部科学省「高等学校学習指導要領解説　地理歴史編」2018年
・Alexander, R.J. and Flutter, J (2009) *Towards a New Primary Curriculum: a report from the Cambridge Primary Review. Part 1: Past and Present.* Cambridge: University of Cambridge Faculty of Education.
・Australian Government (Department of Education) (2014) *Review of the Australian Curriculum Initial Australian Government Response*
・Australian Primary Principals Association (2014) *The overcrowded primary curriculum: a way forward*
・Department of Education (U.K.) (2011), *The Framework for the National Curriculum: A Report by the Expert Panel for the National Curriculum Review,* London (Department of Education)
・Ministry of Education (Singapore) (2013) *Engaging Our Learners*
・Ministry of Education and Research (Norway) (2014) *Pupil's Learning in the School for the Future*
・Ministry of Education and Research (Norway) (2015) *The School of the Future* National Council for Curriculum and Assessment (2010) *Curriculum Overload in Primary Schools-An overview of national and international experiences:*
・OECD(2019) *Progress report: Curriculum overload.* EDU/EDPC(2019)13/ANN 1 (unpublished document).
・OECD(2020) *Curriculum Overload: A Way Forward* OECD Publishing, Paris
・Tan, J, Koh, E., Chan, M., Costes-Onishi, P. and Hung, D. *Advancing 21st Century Competencies in Singapore*
・UNESCO(2003), *Building the Capacities of Curriculum Specialists for Educational Reform* Final Report of the Regional Seminar Vientiane, Lao PDR, 9-13 September 2002

第2章—theme 2
我が国の教育政策とカリキュラム・オーバーロード

内閣府科学技術・イノベーション推進事務局審議官

合田哲雄

1 カリキュラム・オーバーロードと学習指導要領

　『中央公論』2020年10月号の座談会において，定期テストや学級担任などの学校の「当たり前」を見直し，AI教材や脳科学研究の知見を活かした個別最適な学びを実践した東京都千代田区立麹町中学校の前校長の工藤勇一氏は，「今は教えることが多すぎます。部活も入れると拘束時間が長いし，それぞれの教科が体系化されすぎているので，教科の知識，技能を学んでいくことが最優先にされてしまう。これからの子どもたちには，就職よりも起業できる力が求められています。それが世の中を変える力になっていくと思いますが，そのためには子どもの頃からいろいろな考えに触れて，対話をしていく。そこには対立も起こるし，いろいろな課題もありますが，解決するためにはどうしたらいいのだろうといった思考の訓練がなされなければいけない。様々な課題に対して目が向くようになれば，その課題を解決するためには，独りよがりではいけないし，自分の力だけで足りなければ他人の力も借りなければならないことにも気がつきます。教科を教えるだけで終わってしまう学校の構造は，変えなければいけません」と指摘した。これに対して，この座談会の司会を務めていた筆者（合田）は，「『ゆとり教育』を謳った1998年改訂の学習指導要領は学力低下の元凶と批判されましたが，率直に言って，何をやめるのかという各教科の具体論で失敗したと思います。減らすためには思想が必要です。98年の改訂では，総合学習を週3コマ確保するために教科の時数が削減された結果，数学では確率・統計，理科ではイオン，遺伝の規則性と遺伝子といった学びの意義を実感できる大切な内容が削除されました。カリキュラム・オーバーロード（過積載）への対応については，教育の目的に基づく思想を明確にした上で，開かれた場で議論する必要があります」と応じた（合田哲雄『学習指導要領の読み方・活かし方』〈教育開発研究所，2019年〉参照）。

　また，工藤勇一氏は，この座談会の最後で「本来，学習指導要領には自由度があるのに，みんなわざわざ自由度をなくす方向に進んでいるのはバカバカしいことです。ある意味で，新型コロナは，自分たちの学校では何を重視して教えようかと決められる非常に大きなチャンスとなりました。ただ，それが学校の独りよがりになってはいけません。受験があることも，それに不安を抱えている保護者がいることも否定しない。それをそのまますべて受け止め，何をしていくべきかを合意していく作業が必要になります。現在は文科省が学習指導要領を作っていますが，本当は教育の現場が作るべきだと，私は思っています」と発言した。

　この議論は，我が国の教育政策，特に我が国の小・中・高等学校の教育課程の基準である学習指導要領とカリキュラム・オーバーロードについて重要な論点を示唆している。本章では，教育課程の量と質をめぐる学習指導要領改訂の歴史的な経緯を概観した上で，カリキュラム・オーバーロードに関する今後の政策的な選択肢とその留意点について整理したい。

2　学習指導要領の法的な位置付けと役割

　前述の工藤勇一氏は，自らの学校経営について発信した『学校の「当たり前」をやめた。』（時事通信社，2018年）において，「学習指導要領は，あくまでも，国が定める教育課程の大綱的な基準にすぎません。教科書を使って授業を行っていますが，子どもの状況に合わせて，内容を加えて教えたり，教材を工夫して教えたりすることはいくらでもできるはずです。確かに北海道から沖縄まで，全国すべての自治体において，子どもたちが学べる内容を保障することは大切です。しかし，一方で学習指導要領の存在が，学校をどこか窮屈にしているように感じます。この背景には，私も含め校長や教員が『考える』ことをやめてしまったことにあるのではないでしょうか」と指摘している。この指摘のとおり，学校教育においては目的を実現するための手段が目的化し，「学校をどこか窮屈にしている」ことは少なくない。

　その学校教育の目的については，教育基本法や学校教育法といった法律に明確に規定している。民主政において，学校教育の目的とは何かといった根本問題について立ち返るべきは法律であることは論を俟たない。

　我が国の教育関係の法律は，「目的」（その教育は何のために行われるのか）と「目

標」（目的を実現するための具体的なめあては何か）の連鎖で学校制度を形作っている。具体的には，教育基本法において，学校教育や社会教育などを含めた広い意味での教育の「目的」（第1条）と「目標」（第2条）を定め，また，義務教育の「目的」（第5条第2項）を規定している（「義務教育として行われる普通教育は，各個人の有する能力を伸ばしつつ社会において自立的に生きる基礎を培い，また，国家及び社会の形成者として必要とされる基本的な資質を養うことを目的として行われるものとする」）。その上で，学校教育法において義務教育の「目標」を定めている（第21条）。これらの規定を踏まえ，学校教育法は，小学校の目的と目標を第29条と第30条で，中学校の目的と目標を第45条と第46条で，高等学校の目的と目標を第50条と第51条でそれぞれ規定するという構造になっている。

　法律は，国民の代表者で構成される国会の議決に基づいて制定されたもので，いわば国民の意思である。したがって，国民は，我が国の義務教育に対して，①「社会において自立的に生きる基礎」を培うこと，②「国家及び社会の形成者として必要とされる基本的な資質」を養うことを負託（要請）していると言えよう。

　このような国民の負託を踏まえ，公教育においては，全国的に一定の教育水準を確保し，全国どこの学校においても同水準の教育を受けることができる機会を保障することが必要である。そのために，学校教育法は「小学校の教育課程に関する事項は，第29条（＝小学校の目的）及び第30条（＝小学校教育の目標）の規定に従い，文部科学大臣が定める」（第33条）と規定している（中学校や高等学校，特別支援学校等も同様）。この規定により，文部科学大臣が法規としての性格を有するものとして公示した告示であって，教科等の目標や内容などについて必要かつ合理的な事項を大綱的に示した教育課程の全国的な基準が，「学習指導要領」である。

　したがって，学校が教育課程を編成し実施する際に，学習指導要領に示している内容はすべての児童生徒に確実に指導しなければならない。他方，学習指導要領は，教育基本法や学校教育法に規定された学校教育の目的を実現するための具体的な手立てや手段を定めた大綱的基準であるため，学校や教師は，学習指導要領が示したもの以外の内容を加えて指導したり，単元のまとまりを見通して特定の内容に思い切って重点を置いて指導したり指導の順序を組み替えたりするなど児童生徒の実態に即した創意工夫が可能である。これらの創意工夫は，教育課程編成権を持つ学校の裁量で行われるものであり，効果的な教育活動にとってこれらの裁量を活用した創意工夫が重要であることは言うまでもない。さらに，文部科学省に申請すること

により，学校や地域の特色を生かしたり，不登校の児童生徒に配慮したりした特別の教育課程を編成して実施することもできる（学校教育法施行規則第55条の2（教育課程特例校），第56条（不登校児童生徒特例校））。

　学校において，「教育の質の全国的な確保という共通性」と「地域や児童生徒に応じた創意工夫に基づく多様性」を両立させるための仕組みが，学習指導要領であると言えよう。

3　学習指導要領の変遷とカリキュラム・オーバーロード

⑴脱「はいまわる経験主義」とカリキュラム・オーバーロード

　戦後，我が国においては新教科「社会科」が創設され，「ある主題について，討議して学習を進め，人々に会って知識を得る習慣を作り，社会生活に関して，自分で調査し，資料を集め，記録・地図・写真統計等を利用し，またこれを自分で作製する能力を養う」（学習指導要領社会科編試案版，1947年）といった経験主義的な内容が特徴であったが，牧野邦昭『経済学者たちの日米開戦』（新潮選書，2018年）が指摘するとおり，これはアメリカの教育の影響だけではなく，戦時中の内閣附属総力戦研究所におけるシミュレーションの実践も背景になっていた。

　しかし，この経験主義的な戦後教育に対しては，「はいまわる経験主義」といった批判や1～2学年分の学力低下が生じているとの指摘がなされた。その結果，1958年に学習指導要領が文部大臣告示として公示され，知識の確実な修得による基礎学力の充実と各教科の持つ系統性を重視するに至った。

　この学習指導要領は公示から10年後の1968年に改訂された。当時は高度経済成長のなかで工業化社会を担う人材（マンパワー）の育成を重視し，教育を一つの投資と捉える教育投資論が盛んで，1962年の教育白書『日本の成長と教育』は今読んでも新鮮なほど教育投資論の発想で貫かれている。この高度経済成長を背景に，1968年改訂により，我が国の教育課程は教育内容も授業時数も量的にピークを迎えた。小学校高学年の算数で当時最先端の「集合」概念を扱ったり，多くの普通科高校では文系を選択しても理科は物理・化学・生物・地学をすべて履修させたりしていたのがこの時期である。しかし，多くの子供たちが理解できないほどの多くの内容を

早いスピードで指導したため「新幹線教育」といった批判を受けた。

　稲葉修文部大臣（1972年7月7日〜12月22日在任）は，半世紀前の国会において「学校教育におけるあまりにも知育偏重に傾いた従来の文部省が出しております学習指導要領のごときものはもう少し簡素化できないものか」「学習指導要領につきましては，審議会があって，審議会の議を経なければ変えられないような事務当局の解釈を私承りまして，それではなかなかまた間に合わないし，（審議会を）また集めれば（指導内容は）ふえればこそ減りはしないからどうもというふうに思うものですから，次官通達とか大臣通達ということで，府県の教育委員会，市町村の教育委員会を通じて，それぞれの学校において弾力的な運用をしてもらいたい，こういう通達でも出したらどうかなということをいま考えている段階であります」と答弁した。稲葉大臣が50年前に直面していたのはまさにカリキュラム・オーバーロードであった。この大臣答弁どおり，各教科の具体的な指導内容を減らすことはしなかったが，学習指導要領を一部改正して，総則において各学校における適切な弾力的運用が可能であることを明記しその旨の通知を発出した（1972年10月）。

(2) 「ゆとりと充実」「新学力観」「ゆとり教育」

　カリキュラム・オーバーロードへの対応を教育内容の精選を含めて行ったのが1977年改訂である。各教科の基礎的・基本的な事項の確実な定着のために教育内容を精選し，小・中学校の総授業時数は1968年改訂の8％減，国語，算数・数学，社会，理科及び外国語の授業時数は9％削減するなど「ゆとりと充実」をめざした。

　1989年改訂及び1998年改訂と，社会と子供たちの変化を踏まえて改訂が重ねられた。1989年改訂は，小学校低学年における生活科の創設などが行われたが，授業時数や教育内容は基本的に1977年改訂を引き継いだ。しかし，文部省が，改訂の基本的な考え方として「新しい学力観」を掲げ，「教師は，指導者ではなく支援者である」「教え込みはいけない」などと指導したことが，特に小学校における指導の在り方に大きな影響を与えた。

　1998年改訂においては，学校週5日制への対応と総合的な学習の時間（概ね週3単位時間）の創設のために，小・中学校において，総授業時数は1968年改訂に比べて14％，国語，算数・数学，社会，理科及び外国語の授業時数を実に26％減と大幅に削減した。

　その際，授業時数の大幅な削減を踏まえ，どのような考え方に基づいて教育内容を厳選したかについて，当時の担当者（文部省初等中等教育局長）は「これまでの教育の経験等を踏まえて，子供たちにとって理解が困難であった内容，高度になりがちだった内容，単なる知識の伝達や暗記に陥りがちな内容，各学校段階間または各学年間，各教科間で重複する内容，学校外活動や将来の社会生活で身に付けることが適当だと考える内容などについて，削減，上学年への移行，取扱いの軽減などの様々な方法によって行われた」と説明している（辻村哲夫・中西茂『もう一度考えたい「ゆとり教育」の意義』〈悠光堂，2020年〉）。その結果，例えば，理科における天体の学びは，小学校 4 年で「月と星」を扱った後は中学校 3 年まで 4 年間行われないこととなったり，中学校理科の「水溶液とイオン」「遺伝の規則性と遺伝子」といった重要な学びが削除されたりした。

　この1998年改訂は「ゆとり教育」と表現され，経済協力開発機構（OECD）が2000年から実施している PISA 調査（Programme for International Student Assessment）の結果，我が国の15歳の子供たちの学力が2003年，2006年と有意に低下したことが明らかになった「PISA ショック」などにより，1968年改訂に対する新幹線教育という批判とは真逆の「ゆとり教育」批判，学力低下批判を惹起する。この頃に社会に横溢していた雰囲気は，2007年 1 月に実施された内閣府の「社会意識に関する世論調査」の「現在の日本の状況について，悪い方向に向かっていると思うのは，どのような分野か」という問いに対して「教育」を挙げた回答の割合が36.1％と他の分野と比べ最も多く，しかもこれは前年から実に12.3％も急上昇した結果であったことに象徴されている。このように2004年から07年にかけて，学力低下論争や PISA ショックにより1998年改訂や公立学校，文部科学省に対する社会の不信が頂点に達していたと言えよう。

⑶脱「二項対立」とカリキュラム・オーバーロード

　そのため，2008年改訂は，「基礎的な知識及び技能」「これらを活用して課題を解決するために必要な思考力，判断力，表現力その他の能力」「主体的に学習に取り組む態度」という学力の三つの要素を明確に規定した学校教育法第30条第 2 項に基づき，「ゆとり」か「詰め込み」か，習得か探究かといった二項対立の議論を乗り越えることが強く求められた。この改訂では，国語，算数・数学，社会，理科及び外国

24

語の授業時数を1968年改訂時の85％程度と1977年改訂とほぼ同じ水準に回復（特に，中学校理科の授業時数は1998年改訂から33％増加）させた上で，①高校の指導内容になっていた「二次方程式の解の公式」や「遺伝の規則性と遺伝子」などを中学校に戻し，教科の内容の体系性や系統性を回復するとともに，②各教科等で「言語活動」に取り組み，発達の段階に応じて思考力等を着実に育成する具体的な手立ての確立が図られた。

　前述のとおり，1998年改訂では，大幅に削減された授業時数に教育内容を収めるために，教科の本質を理解する上での重要性よりも子供の理解度や各学年間等での重複などに基づいて些か機械的に教育内容の厳選を行ったため，知識の確実な理解のためのスパイラル構造が解体されたり，各教科の本質を深く理解するために不可欠となる主要な概念の習得のための重複が排除されたりした。その反省を踏まえ，2008年改訂においては，①社会の変化や科学技術の進展等に伴い，社会的な自立等の観点から子供たちに指導することが必要な知識・技能や，②確実な習得を図る上で，学校や学年間等であえて反復（スパイラル）することが効果的な知識・技能などに限って教育内容に加えるという考え方（2008年改訂に関する中央教育審議会答申〈2008年1月17日〉）に基づいて教育内容の検討が行われた。

　その結果，国際教育到達度評価学会の国際数学・理科教育動向調査（TIMSS）の出題内容が各国の理数教育のカリキュラムでどの程度カバーされているかに着目した場合，小学校算数（小学校算数のTIMSS調査の内容を小学校4年生までに履修している割合）は1998年改訂の69％から2008年改訂の83％へ，中学校数学（中学校数学のTIMSS調査の内容を中学校2年生までに履修している割合）は80％から91％へ，小学校理科は50％から59％へ，中学校理科は73％から84％へと上昇し，我が国の教育課程の国際的通用性が高まった。

　同答申は，1998年改訂について，「『教え込みはいけない』『教師は指導者ではなく支援者である』といった考え方のもと，学校における指導において，子供の自主性を尊重する余り，教師が指導を躊躇する状況がある」「総合的な学習の時間を創設したが，そのための各教科の教育内容の厳選を教科の体系性や系統性を損なう無理のある形で行ったこともあり，総合的な学習の時間と各教科との適切な役割分担と連携が十分に図られていない」「教科において，基礎的・基本的な知識・技能の習得とともに観察・実験やレポートの作成，論述といった知識・技能を活用する学習活動を行うことが求められているにもかかわらず，教科の授業時数は十分ではない」な

どといった 5 点にわたる課題があったことを明確にした。

　なお，同答申が1998年改訂の課題を指摘していることは，この改訂で育まれた本書刊行時概ね20歳代の方々が「ゆとり世代」で力不足であることを意味しない。そのことは，2017年改訂に関する中央教育審議会答申（2016年12月21日）において，「これまで社会や経済の量的拡大に支えられてきた我が国が，質的な豊かさに支えられる成熟社会に向かう中で，20代の若い世代の多くも，新しい時代にふさわしい価値観を持って，地域や社会を支え活躍している。現在の20代の若者たちについては，他の世代に比べ，働くことを社会貢献につなげて考える割合が高いとの調査結果がある。また，情報機器等を活用してつながりを生み出すことが得意な世代であるとの指摘もある。一部には，「ゆとり世代」などと一くくりに論じられることもあるが，これらの世代の活躍は，社会や経済の構造が急速に変化する中で，自らの生き方在り方を考え抜いてきた若者一人一人の努力と，学習内容の削減が行われた平成10年改訂の実施に当たっても，身に付けるべき知識の質・量両面にわたる重要性を深く認識しながら，確かな学力のバランスのとれた育成に全力を傾注してきた多くの教育関係者や保護者などの努力の成果であると言えよう」と明記されている。

⑷未来社会と日々の授業を架橋する教育課程

　2017年改訂は，2008年改訂の基本的な考え方や枠組み，教育内容を踏襲しつつ，AI の飛躍的進化，Society5.0，第四次産業革命といった言葉が未来社会を語るキーワードとなり，「AI が進化して人間が活躍できる職業はなくなるのではないか」「今学校で教えていることは時代が変化したら通用しなくなるのではないか」といった社会的な議論のなかで行われた。

　しかし，学習指導要領改訂に関する議論のプロセスのなかで新井紀子国立情報学研究所教授や「ディープラーニング革命」をリードしている松尾豊東京大学教授からは，AI は自ら概念を軸に情報を構造的に捉え，思考できるようになったと言われるが，AI の研究自体は本質的にアルゴリズム，数式を使った証明で，数学そのものであり，学校教育で学んでいる算数・数学の学びの延長にほかならないこと，AI は問われたことに対して膨大なデータの蓄積をもとに確率の高い答えを出しているが情報の意味を理解しているわけではなく，明確な定義とデータがある状況のもとで抜群な威力を発揮するものの，データがなく曖昧な環境下では「解なし」と答えざ

るを得ないことなどが指摘された。これらの指摘は，学校における学びが決して「オワコン（終わったコンテンツ）」ではないことを示している。

　子供たちは未来社会においてAIが「解なし」と答えた時にその力を発揮しなければならないが，そこで求められるのは超人的な力ではなく，情報の意味をしっかり理解して考えて対話したり，曖昧でデータがない状況においても他者と協働して判断したりできることといった「人間としての強み」そのものである。持続可能な社会の担い手として民主政を支えるに当たっては，あらゆる問題についてこれですべて解決という特効薬はなく，複雑な課題を丁寧に解きほぐして関係者の「納得解」を得るための力が求められている。

　具体的には，「教科書や新聞，新書などの内容を頭でベン図を描きながら構造的に正確に読み取る力」「歴史的事象を因果関係で捉えるとか，比較・関連づけといった科学的に探究する方法を用いて考えるといった教科固有の見方・考え方を働かせて，教科の文脈上重要な概念を軸に知識を体系的に理解し，考え表現する力」「対話や協働を通じ新しい解や『納得解』を生みだそうとする力」であり，これらは，すべて我が国の学校教育が長い間大事にしてきた資質・能力にほかならない。

　2017年改訂は，すべての教科等を①知識及び技能，②思考力，判断力，表現力等，③学びに向かう力，人間性等の三つの資質・能力の柱で整理した。その上で，各教科や単元においてこれらの資質・能力をはぐくむために，「主体的・対話的で深い学び」の実現のための授業改善を重視し，「深い学び」の鍵となる各教科等の見方・考え方を示した。

　「あらゆる問題について，これですべて解決という特効薬はなく，複雑な課題を丁寧に解きほぐして関係者の『納得解』を得る」ための力は，例えば，2022年度から学年進行で新課程に移行する高校の公民科の目標における「現在の諸課題について，事実を基に概念などを活用して多面的・多角的に考察したり，解決に向けて公正に判断したりする力，合意形成や社会参画を視野に入れながら構想したことを議論する力」そのもので，新共通必履修科目「公共」はその育成に大きな役割を果たす。しかし，「複雑な課題を丁寧に解きほぐして関係者の『納得解』を得る」ための力をはぐくむことは，公民科の専売特許ではない。今，われわれがなぜこのような社会に生きているのかを知る上で，日本史・世界史の枠組みを取り払って近現代の歴史を近代化，大衆化，グローバル化という三つの転換点に着目して学ぶ新科目「歴史総合」も重要で，大正デモクラシーから戦争への道，終戦から戦後の復興，高

度経済成長という流れを「大衆化」という文脈で捉えることは，世界を席捲するポピュリズムを理解し，自分事として向かい合う上で不可欠な学びだ。

　「事実を基に概念などを活用して多面的・多角的に考察」するためには，数学Ｉの二次関数やデータの分析の学びを通じて数学的論拠に基づいて思考することも求められる。例えば，現下のwithコロナの厳しい状況下にあって，我が国社会においては「命」か「経済」といった二者択一の議論になりがちだが，多くの社会課題の解決にはトレードオフの発想が必要であることは論を俟たない。二次関数はまさにトレードオフの曲線のなかのどこで最適解を見出すかという見方・考え方を働かせるために学んでいる。

　物理基礎において物質によって電気抵抗の抵抗率が異なっていることを理解したり，化学基礎で物質の構成粒子について学んだり，生物基礎で遺伝子とその働きや免疫について知ったりすることは，事実を科学的に把握し論理的に検証して，身の回りの自然現象に関する素朴概念に訴えるフェイクニュースのウソを見極める上で極めて重要である。

　このように，各教科においては，「歴史的な事象を因果関係で捉えて思考できる」「生命に関する自然の事物・現象を多様性と共通性の視点で捉えることができる」といった教科固有の見方・考え方を働かせて思考することを学ぶ。この見方・考え方は複雑な事象が溢れる社会生活において事柄の本質を見極め，より質の高い意思決定を行う上で不可欠であり，現在の学びと未来社会を架橋するものである。

4　カリキュラム・オーバーロードへの対応方策

　文部科学省から派遣されたOECDで教育スキル局アナリストとして活躍し，同省教育課程企画室長，大学入試センター試験企画部長などを歴任した白井俊氏は，『OECD Education 2030プロジェクトが描く教育の未来』（ミネルヴァ書房，2020年）において，カリキュラム・オーバーロードへの対応を，
①カリキュラムの中でも，特に各学問分野の原理や原則に焦点を当ててメリハリをつけていくこと
②各教科における本質的な思考の方法や視点，考え方に焦点を当てていくこと
③学習テーマを実社会・実生活上の様々な課題に結びつけることで，より少ないコ

ンテンツであっても様々なことを学ぶことができるようにすること

④より生徒に近い立場にいる学校や教師に，カリキュラムに関するより広い裁量を認めること

⑤カリキュラム策定の段階から，教師や各教科の専門家を巻き込み，その意見を踏まえたカリキュラムを作成すること

⑥カリキュラム・オーバーロード問題への対応を，教育関係者だけでなく，より広い利害関係者を巻き込んで行っていくこと

の6点に整理している。

　この6つのアプローチのうち，①〜③の「各学問分野の原理や原則」「各教科における本質的な思考の方法や視点，考え方」「実社会・実生活上の様々な課題」を踏まえて教育内容の量や質，教育内容相互の関係や構造を捉え直すことは，カリキュラム・オーバーロードへの対応において最も重要な「減らすための思想」にかかわるポイントである。④の学校や教師の裁量拡大はカリキュラム・オーバーロードに対応する手段，⑤及び⑥は教育内容を適切に減らすための合意形成プロセスの妥当性の担保に関するものと分類することができるだろう。

5　カリキュラム・オーバーロードへの対応について検討するに当たっての留意点

　2019年からGIGAスクール構想がスタートし，近い将来，小・中学校で行われている全国学力・学習状況調査もCBT化され，子供たちは鉛筆とノートではなく情報端末で学ぶことになる。語彙や用語の習得，外国語や数学の学習などについて，理解の早い生徒が早い進度で学びを進めたり，過去に学んだ単元の理解が十分でない生徒は振り返り学習をしたりといった個人の理解の程度に合わせた個別性の高い学びを行うことが可能となると，例えば，特定教科の多肢選択式問題に対応すべく知識の暗記・再生や暗記した解法パターンの適用のみを目的とした学習は，AI教材や予備校の一流講師による授業動画に代替されるとの指摘は現実味を帯びる。

　しかし，学校の役割は，知識の習得にとどまらず，習得した知識や思考を活かして，より善く生きようとかより良い社会にしようとするための教育実践を重ねることにある。だからこそ，生徒の学ぼうとする心に火を灯し，ICTを活用して単元の

内容をより構造的・立体的に理解できるような授業を演出し，「学び合い」や「教え合い」でクラス全体の知識の理解の質を高めたり，討論や対話，協働を引き出したりするという教師固有のかけがえのない役割は学校の存在意義そのものである。教師の主戦場は，部活動などの教育課程外の活動ではなく，あくまでも日々の授業であることに立ち返らなければならない。

　学習指導要領が学校教育に求めているのは，その前文に規定された「持続可能な社会の担い手」をはぐくむことであり，同調圧力のなかで付和雷同したり他人任せで考えることを止めたりするのではなく，自分の足で立って自分の頭で考え，他者と対話することの大事さを共有できる学びを創り出すことが求められている。

　だからこそ，2017年改訂から4年が経過し，次期改訂に向けた議論が今後深められることが見込まれるなかで，社会の構造的変化や学術研究の進展による教育内容の増加と教科等の本質に基づいた深い学びの実現の観点からカリキュラム・オーバーロードへの対応は本質的な課題となっている。以下では，今後の検討に当たっての留意点を整理してみたい。

　第一は，「カリキュラム・オーバーロードが問題であるとしても，単純にコンテンツを削減すればよいわけではないのは当然である。むしろ，よく考えるべきは，『カリキュラムを適切に減らすことができたのか』ということである」（白井前掲書）。1998年改訂の蹉跌を踏まえると，教育内容を減らすに当たって，社会的自立や持続可能な社会の担い手としての資質・能力を育むといった教育の目的を踏まえ，各教科の本質を深く理解するために不可欠となる主要な概念などに着目して教育内容を取捨選択するための基本的な考え方を整理し，確立しなければならない。

　2017年改訂に関する中央教育審議会答申が指摘しているように，例えば，個々の歴史的事実に関する知識は，「その出来事はなぜ起こったのか」「その出来事がどのような影響を及ぼしたのか」を追究する学習の過程を通じて，知識相互がつながり関連付けられながら習得される。そして，そのような学びが教科の本質を深く理解するために不可欠な主要な概念（生命やエネルギー，民主主義や法の支配など）の習得につながる。各教科の主要な概念につながる知識や用語を中心にその構造を整理することが求められる所以である。

　また，各教科の見方・考え方，例えば，「自然の事物・現象を，質的・量的な関係や時間的・空間的な関係などの科学的な視点で捉え，比較したり，関係付けたりするなどの科学的に探究する方法を用いて考えること」（理科）を働かせる上でどのよ

うな教育内容を重視することが適切か，①言語能力，情報活用能力，問題発見・解決能力といった学習の基盤となる資質・能力や，②主権者教育，消費者教育，食育，防災教育など現代的な諸課題に対応して求められる資質・能力を，教科等横断の視点に立ってはぐくむに当たってどの教育内容をいかに組み合わせることが効果的かといった視点で教育内容の量を学びの質と関連付けて検討することが求められる。

　さらに，デジタル・トランスフォーメーション（DX）の神髄は，具体的な事象を抽象化して論理的に思考することにより，分野や業界などの縦割りを越えた横割りのレイヤー構造のなかで価値を創出することにある。計算処理基盤，データ解析といったレイヤーが閾値を超えて人間の実際の課題や経験まで達した今，価値創出に当たって大事なのは，課題から考えること（今の自分の組織の手持ちの手段から解法を考えない），抽象化して考えること（異業種，異分野だから別の話と考えずに，抽象化して共通する構造で捉える），複数の分野や専門を経験することによって得られる複数の解決のパターンを駆使すること（特定のルールや分野に閉じこもらない）といった思考法そのものにほかならない（西山圭太『DXの思考法』文藝春秋，2021年）。

　このような社会や産業の構造的変化のなかで，学校教育も自校や担当教科の縦割りのなかで最適化しようという発想を転換し，「課題から考える」「抽象化して考える」「複数の解法パターンを駆使する」ことが求められている。カリキュラム・オーバーロードの対応に当たっても，教科縦割りの視点を越えて，「抽象化して考えることができる」「現象を質的・量的な関係で捉えることができる」といった資質・能力の横割りのレイヤー構造を構想することが重要になっていると言えよう。

　このような観点を踏まえた教育内容の取捨選択の基本的な考え方の確立のためには，Society5.0やDXといった社会の構造的変化や最前線の学術研究の知見を踏まえる必要があり，未来の扉を開けようとしている若手の社会起業家や科学者・研究者の参画を得て開かれた議論を重ねることが不可欠である。

　第二は，大きく変化する社会構造を踏まえた子供たちの学びの質的転換のために，学校教育をめぐる様々な「当たり前」を根本から見直すなかで，カリキュラム・オーバーロードへの対応についても検討しなければならないことである。

　この点について，ポストコロナ社会における教育のあり方をデザインした2021年1月26日の中央教育審議会答申は多くの示唆に富む。この答申がとりまとめられる過程においては，「堀川の奇跡」をリードした元堀川高校長の荒瀬克己初等中等教育

分科会長のもと，認定 NPO 法人カタリバ代表理事の今村久美委員や「島留学」で隠岐島前高校を活性化した岩本悠委員，AI 型タブレット教材の開発を先導する株式会社 COMPASS ファウンダーの神野元基委員，発達障がいの困難さに直面する子供たちを支援する株式会社 LITALICO 代表取締役社長の長谷川敦弥委員といった時代の歯車を回している若手委員の構想力が議論をリードし，事務局もこれまでにない踏み込んだ提案をするなど知恵と覚悟が交差した。

　この答申のロジックは明快である。子供たちが社会的に自立し，当事者意識をもって多様な意見や価値観のなかで合意形成に粘り強く取り組む力を持つためには，従来の社会構造の中で行われてきた「正解主義」や「同調圧力」から脱却しなければならない。そのため，一斉授業か個別学習か，履修主義か修得主義か，デジタルかアナログか，遠隔・オンラインか対面・オフラインかといった二項対立の発想を脱して，子供たちの状況に応じてこれらを適切に組み合わせて活かすハイブリッド教育により個別最適な学びと社会とつながる協働的な学びを実現することが求められている。このような観点から，学校や教育行政の「当たり前」は大いに問われ，リデザインされる必要がある。子供たちの社会的自立という教育の目的を実現するための手段である教科や授業時数，指導案，教科書，研究指定校，教職員配置，教員免許制度や養成課程・研修，教育委員会，文部科学省などの学校や教育の制度や枠組みは，二項対立の発想から脱して，その「当たり前」を見直すことが不可欠だ。教科や学校種の壁，文系・理系の分断，すべての子供たちを教室に集めたチョーク＆トークの一斉授業，同一性の高い教員集団といった「当たり前」を問い直し，それを乗り越えるための具体的な提案がこの答申である。

　学習指導要領の各教科等の一つ一つの内容事項にコードが付され，デジタル教科書やデジタル教材の内容はこのコードに紐づけられる。また，このコードから経済産業省の「STEAM ライブラリー」，大学や研究機関のホームページや研究室につながる。そのような環境がすべての子供たちに提供されたら，それまでの教育内容の習得が不十分だった子供は AI 教材などを活用してその確実な習得に向かって自分の学びを調整することが可能になる。他方で，理数分野で特異な才能を持つ子供については教育課程の特例を設けて一足早く大学や研究機関で専門的な学びを行うことができる。

　このように自分の学びを認知の特性も効果的な学び方も一人ひとり異なるそれぞれの子供が自分自身で調整し，コントロールできることが個別最適な学びのポイン

トであり，GIGA スクール構想などの子供たちの学ぶ環境の大きな進化はこの個別最適な学びの基盤である。個別最適な学びの実現に向けた学習環境の進化は，教育内容の在り方や学習指導要領の改訂のプロセス，そして学習指導要領の在り方自体にも影響を及ぼす。

　第三は，教育行政自体の在り方の見直しも視野に入れながら，より開かれた形で教育内容について議論する必要があることである。

　子供たち・教師・主任主事・校長や副校長などの管理職・市町村教委（市町村長）・都道府県教委（知事）・文部科学省という教育行政の連鎖の流れのどこかで意欲や能力，情報，予算などで目詰まりが生じ改革チェーンが切断されると，学校教育の進化に向けたダイナミズムとサイクルがストップしてしまう。改革チェーンが縦に重畳的に連なっているのではなく，円形状に相互にダイレクトにつながることにより，アイディアや情報が即座に流通し当事者意識に基づいた対話が重ねられるなかで，「当たり前」にとらわれないこれまでなかった新しい解や納得解が共有されることが求められている（木村泰子，工藤勇一，合田哲雄共著『学校の未来はここから始まる』〈教育開発研究所，2021年〉参照）。教育内容についてこのような対話のなかで納得解を形成することは，社会に開かれた教育課程の実現の上でも重要なプロセスであると言えよう。

[参考文献]

・奈須正裕著『「資質・能力」と学びのメカニズム』東洋館出版社，2017年
・安彦忠彦著『私教育再生』左右社，2019年
・合田哲雄著『学習指導要領の読み方・活かし方』教育開発研究所，2019年
・白井俊著『OECD Education 2030プロジェクトが描く教育の未来』ミネルヴァ書房，2020年
・木村泰子・工藤勇一・合田哲雄著『学校の未来はここから始まる』教育開発研究所，2021年
・西山圭太著『DX の思考法』文藝春秋，2021年

第3章—theme 3
資質・能力を基盤とした教育からみた，
カリキュラム・オーバーロード克服の可能性

上智大学教授
奈須正裕

1　普遍的で原理的なカリキュラム現象

(1)2017年版学習指導要領の現状

　2017年版学習指導要領では，小学校で英語が教科化され，プログラミング教育の必修化が図られてもいる。その一方で，在来の教科等については授業時数においても内容においてもほぼ従来からの水準を堅持し，その変化は最小限に留められた。この背景には，PISA や TIMMS などの国際学力調査，全国学力・学習状況調査をはじめとする国内の学力調査の結果がいずれも堅調なことがある。うまくいっているものは変える必要がないというか，下手に変えるとかえって危険であるから，この判断は妥当なものといえよう。しかし，新たな内容を付け加えたにもかかわらず，従来からの内容を減らすことなく時数も増えないとなれば，オーバーロードになるのは必至である。

　2017年版学習指導要領に生じているこのような状況を典型事例として，カリキュラム・オーバーロードの原因を，近年における社会構造の変化や科学技術の急激な発展，従来の領域を次々と越境し学際化が進む諸学問の状況，それらに伴って生じている知識や情報の指数関数的な増大に求めることは，決して誤りではない。しかし，オーバーロード自体は，限られた枠組みの中で何を教えるのか，その選択なり優先順位の決定を巡って常に繰り広げられてきた，きわめて普遍的で原理的なカリキュラム現象でもある。

　その意味で，まずは1939年にペディウェルが『セーバートゥース・カリキュラム』[1]という本の中で描いた寓話を通して，オーバーロードの基本的な発生メカニズムについて考えてみたい。

⑵旧石器時代のカリキュラム

　時代は旧石器時代，洞窟に住む人々の集落があった。大人たちは，子どもたちがしっかりと生きていくためにどのような知識や技能を教えるべきか，熱心に議論していた。

　ある人が提案する。川岸に流れをせき止めたプールを作れば，小さい子どもでも川に流されず，魚を捕まえる訓練ができるのでないか。こうして，素手で魚を捕まえることが，子どもたちの第1のカリキュラムとなった。

　川には水を飲みに馬が来る。これを捕まえ，棒を使って飼い慣らす訓練をしてはどうか。提案を受けて，これが第2のカリキュラムとなった。

　当時の人々にとって最大の脅威は巨大な牙をもったトラであり，どう猛なトラをどう追い払うかにいつも頭を悩ませていた。ある時，一人の大人が，洞窟の前でたき火にくべた1本の棒に火をつけたまま振り回すとよいということを発見した。すぐさま，この火のついた棒でトラを追い払うという訓練が，子どもたちの第3のカリキュラムとなった。

　これらのカリキュラムは，生活実践そのものではなく，一種のシミュレーションである。実際に巨大なトラとの戦いに，子どもを向かわせることはできない。そこで，実生活をシミュレーション化した学習が，カリキュラムとして子どもに提供される。それは，非常に実用的なカリキュラムであった。

　このような教育が功を奏して，村の人々は以前のように飢えることもなく，また安全も保たれるようになった。

　しかし，順調な生活は永久には続かない。氷河期がやってきたのである。川の水位は下がり，水は濁って，素手での魚捕りは困難になった。寒さで，飼いならすべき馬もいなくなる。トラも環境に適応できず消えたが，代わりに寒さに強いホッキョクグマが南下してきて，新たな脅威となっていた。

　村人は困り果てる。寒さで食べ物もないし，ホッキョクグマは火を怖がらない。せっかくのカリキュラムは，まったくの役立たずになってしまった。

　あるとき，知恵の回る子が岸辺に垂れ下がる細い丈夫な蔓を見つける。それを結んで遊んでいるうちに，蔓を編んで魚を捕る網を作ることを思い立った。また別の子は，かつて馬がいた森に羊がいるのを見て，蔓で羊の罠を作ることを思いつく。

この羊の肉と毛皮により，村人は飢えと寒さから解放された。ホッキョクグマに対しては，落とし穴を作り，そこに誘い込むという方法が考案された。かくして，新たな脅威も克服されたのである。

　これらの工夫により，村は再び活気を取り戻した。大人たちは，新たに生み出された革新的な知識や技能を子どもたちに教える，新たなカリキュラムが必要ではないかと議論しはじめた。魚の網を作ること，羊の罠を作ること，クマを退治する方法が時代のニーズに応える知識であり，技能である。

　しかし，村の長老たちは顔をしかめる。そして，「それは本物の教育ではない。ただの技術の訓練ではないか」と批判した。

　「すでにカリキュラムは，川魚の手づかみと棒による馬追いとトラ退治の活動をこなすので精一杯で，新たな内容など，どこにも入る余地はない。そもそも，網を編んだり，羊の罠を作ったり，クマ用の落とし穴を作るといった流行りの技を磨くことなど，本当のカリキュラムではない。そんなものよりも，今の子どもには『基礎基本』が大切だ。今の若者は，素手で魚を捕まえたり，棒で馬を操作したり，たいまつに火をつけることすら，ろくにできない。だいたい教師でさえ，できないやつがいるとは，けしからん」

　議論は白熱する。

　「今の時代に，素手で魚を捕るなんて時代遅れだし，馬やトラなどすでにどこにもいないのに，どうやってその知識や技能を使うというのか」

　長老たちの反論も，なおいっそうの熱を帯びてくる。

　「魚を素手で捕る技術の学習は，単なる技能ではない。それは子どもたちに『一般的な機敏さ』を育む。同様に，馬を棒で追うことは『一般的な強靭さ』を育てるし，トラを追い払うたいまつの訓練は，トラを追い払うことが目的ではなく，生活全般に役立つ『一般的な勇気』を養っているのだ」

　長老たちは，時代の流行り廃りに左右されない，空高くそびえる山の頂きのごとき普遍的なカリキュラムこそが重要なのだと主張するのである。

(3)実質陶冶と形式陶冶

　特定の内容をカリキュラムに組み入れ，子どもに教えるのは，旧石器時代の大人たちもまたそうであったように，第一義的には，教えた知識や技能それ自体がその

領域の学習や問題解決に直接的，特殊的な効果や実用性を持つからであろう。この考え方を実質陶冶と言う。

　と同時に，長老たちの言い分に顕著なように，人々は特定の領域の知識や技能の指導を通して，その領域に留まらない，より一般的な能力の育成をも期待している。例えば，数学は子どもに帰納や演繹といった形式的な思考操作を要求するが，そこでの経験は図形や数量の処理はもとより，生活全般に役立つ思考力，さらには一般的な頭のよさをもたらすと考えられてきた。実際，数学を将来において直接的に必要としない文科系の高校生にも必修にする根拠として，同様の論理はしばしば持ち出されてきた。

　このような，領域固有な知識や技能それ自体は仮に実用性が低くとも，その学習を通して思考力や創造性など一般的な能力が鍛えられ，ひいては当初の狭い領域を超えて幅広い分野の学習や問題解決の質を高めるという考え方を，形式陶冶と言う。

　特定の内容の学習が他の領域の学習や問題解決に何らかの影響を及ぼす現象は，学習の転移（transfer）と呼ばれてきた。例えば，中高での英語学習は大学でのフランス語やドイツ語の学習を促進し，一定量の学習を節約する効果をもたらすだろう。形式陶冶は，その中でも普遍的転移（universal transfer）と呼ばれる，無制約で全方位的な転移を期待する学習論である。一方，実質陶冶は必ずしも転移を前提とはしない。

　実質陶冶と形式陶冶は学習の意義や効用に関する二つの立場であり，カリキュラムや授業のあり方を巡って時に鋭く対立し，論争を繰り返してきた。実質陶冶と形式陶冶の考え方を踏まえる時，先の物語は少なくとも次の二つのことを示唆しているように思われる。

① 　多くの場合，新たな教育内容のカリキュラムへの組み入れや取り扱いの強化は，その内容自体に関する実用上の要求（実質陶冶）から生じる。

② 　教育内容の実用性が時代や社会の変化等により失われ，あるいは低下しても，なおその内容を引き続きカリキュラム内に留める論拠として，より一般的な能力の涵養（形式陶冶）が主張されることが多い。

　実際，先の物語に登場する動物や人々の対応，開発された知識や技能と，その子どもの教育へのカリキュラム化は，現代のカリキュラムになぞらえても，そのままなるほどと思える事例がたくさんある。

　例えば，かつては漢文に関する知識は，すべての学問，また多くの高度な職業における必須の学力であった。つまり，漢文はきわめて実用性が高かったのである。そして，すでに実用的な価値の多くが失われた漢文を引き続き学ぶ根拠として挙げられるのは，漢文が我が国の古典，さらには現代の国語やそれを用いて生み出されたすべての言語文化の理解に資するというものである。なるほどと頭では理解するものの，あまりに距離があり過ぎはしないか。実際，漢文を学ぶ意義をどうやって子どもたちに納得させるかに頭を悩ませている高校の国語教師は，決して少数派ではない。

　あるいは，ソロバンの腕前も，かつてはより有利な奉公先に上がる際に決定打となる，競争的で実用的な学力であった。しかし，携帯電話の標準機能として電卓が身近にある今日，ソロバンを学ぶ意義をどこに求めるのか。計算の能力，あるいはそれをも超えた発想力，記憶力，集中力等が高まるといった主張もあるし，ある程度はそういうことも起きるのかもしれない。

　しかし，それらの形式陶冶的な成果を，果たしてソロバンだけが圧倒的優位性をもって実現しうるのか。もし，そうでないとすれば，特にソロバンである必要はないのではないか。結局のところ，ソロバンを教えたい，残したいという大人の都合が，子どもの学びに先んじて存在するのではないか。

　それどころか，ソロバンと筆算では計算手続きに違いがあるため，ソロバンでは正解できるのに，筆算では誤りを繰り返す子どもの存在することが知られている。しかも，子どもはソロバンの知識を使って筆算の誤りを修正することができない。その理由として，ソロバンの学習が単なる機械的手続きの習熟に終止しており，なぜそうするのかの意味理解が十分ではない可能性が指摘されている[2]。筆算にすら転移しない学力が，様々な形式陶冶的学力をもたらすと考えるのは，やや楽観的に過ぎるのではないか。

　一方，社会の変化に伴って生じた新たな実質陶冶的要求から，様々な内容をカリキュラムに盛り込むべきとの要請も，英語やプログラミングに加えて，食育，キャリア教育，防災教育，金融教育など個別的なものから，STEAM教育やSDGsへの対応といった複合的なものまで，枚挙にいとまがない。

　かくして，カリキュラムには旧来の内容がほぼそのまま残るとともに，次々と新しい内容が入ってくる。オーバーロードが生じるのは必然であり，過剰さの度合いはどこまでも高まり続けていく。世界中の教育関係者を悩ましている難問は，実に

シンプルかつ普遍的なメカニズムで生じていた。

2　資質・能力を基盤とした教育による内容の精選

⑴有能さ拡充の営みを支える

　個別的に内容を精査し，削減することでオーバーロードを解消しようという戦略は，およそ奏功しない。すべての内容の背後には様々な利害関係者がいて，もちろんその内容が決定的に重要だと信じて疑わないから，削減の要請に対しては，あらゆる手段を駆使して執拗に抵抗するであろう。さらには，旧石器時代の寓話で見たように，内容それ自体に実用的な価値のないことが明白となった場合にも，形式陶冶的な価値の強調によりカリキュラムへの残留を主張することは可能であるし，現になされてもきた。

　ならば，ここは議論の枠組みからすっかり変えてしまうのが得策であろう。内容（コンテンツ：content）を基盤に議論するのではなく，資質・能力（コンピテンシー：competency）を基盤に考えるのである。

　コンピテンシー（ないしは，コンピテンス：competence）とは「有能さ」というほどの意味で，心理学の世界では，すべての子どもは生まれながらにして有能な学び手であり，適切な環境さえ与えられれば，自ら進んで環境に関わり，環境との相互作用を通して不断に有能さを高めようとするし，高めていくことができるという事実を指し示す言葉として使われてきた[3]。

　このような子ども理解に立つとき，カリキュラムには，長い歴史を通して人類がその有能さを系統発生的に拡充してきた記憶ともいうべき優れた文化遺産等との出合いを通して，子どもたちが潜在的にもつ有能さを個体発生的に顕在化させる契機とするとともに，さらに社会的により価値が高いと思われる方向へと洗練させていくのを十全に支える役割が期待される。

　ここで，素朴な疑問が立ち現れてくる。どうして学校は，あんなにも多くの知識や技能を教えようとするのか。それは，子どもたちの有能さを高め広げるのに，どのように役立っているのか。もしかすると，もっと少ない量の知識や技能を足場にしたとしても，子どもたちが展開している有能さ拡充の営みをしっかりと支えられ

るのではないか。それが可能であるならば，カリキュラム・オーバーロードは解消できる。

　子どもたちが大量の知識や技能を学ぶのは，単なる所有のためではない。それらを自在に活用して洗練された問題解決を成し遂げ，個人としてよりよい人生を送るとともに，よりよい社会づくりに主体として参画するため，OECD のいうウェル・ビーイング（well-being）を実現するためである。

　すべての子どもがそのような優れた問題解決者へと育つのを十全に支える。これが，資質・能力を基盤とした（コンピテンシー・ベイスの）教育が一貫してめざしてきたことであり，そのために必要な学力論の解明，カリキュラムと教育方法の開発が，世界各国で精力的に進められてきた。

　それは，教育に関する主要な問いを「何を知っているか」から「何ができるか」，より詳細には「どのような問題解決を現に成し遂げるか」へと拡張ないしは転換させる。そして，学校教育の守備範囲を知識・技能の習得に留めることなく，それらを問題場面で効果的に活用する際に機能する汎用的認知スキルやメタ認知，粘り強く問題解決に取り組み，直面する対人関係的困難を乗り越えるのに必要な社会情動的スキルへと拡充すること，すなわち学力論の大幅な刷新を求めるだろう。領域固有な知識・技能についても自在に活用が利くものとなるよう，暗記的な状態から概念的な意味理解へ，要素的で孤立した状態から，活用の文脈とつながり，さらに相互に関連付き全体として統合化されたあり方へと，その質を高めようとの動きが活発である。

⑵学力の三層構造

　では，我が国の教育課程政策の中で，資質・能力を基盤とした考え方はどのように展開してきたのだろうか。

　1996年に提起された「生きる力」において，すでに資質・能力は意識されてはいたが，「次期学習指導要領に向けての基礎的な資料を得ること」を明記して本格的検討を進めたのは，2012年12月に設置された「育成すべき資質・能力を踏まえた教育目標・内容と評価の在り方に関する検討会」が最初であった。検討会は2014年３月31日の「論点整理（主なポイント）」において，「学習指導要領に定められている各教科等の教育目標・内容を以下の三つの視点で分析した上で，学習指導要領の構造

の中で適切に位置付け直したり，その意義を明確に示したりすることについて検討すべき」としている。

ア）教科等を横断する汎用的なスキル（コンピテンシー）等に関わるもの
　①汎用的なスキル等としては，例えば，問題解決，論理的思考，コミュニケーション，意欲など
　②メタ認知（自己調整や内省・批判的思考等を可能にするもの）
イ）教科等の本質に関わるもの（教科等ならではの見方・考え方など）
ウ）教科等に固有の知識や個別スキルに関するもの

　これは，単に検討すべき視点が三つ存在することを示す以上に，学力をこのような三層構造で考えるという新たな視座を提供したものと解釈できる。
　歴史的に見ても，ア）の汎用的なスキルとウ）の領域固有知識は，「問題解決力の育成が本質で，知識はその手段に過ぎない」とする経験主義的な立場と，「まずは知識を教えなければ，そもそも考えることすらできない」とする系統主義的な立場の論争を典型として，「あれかこれか」の対立図式で議論されがちであった。これに対し上記の三層構造では，イ）の教科等の本質を仲立ちとすることで，二元論的解釈に陥りがちなア）とウ）を有機的に結び付け，調和的に実現するカリキュラムがイメージされている。
　まず，イ）とウ）の関係であるが，それぞれの教科等で指導しているいかなる領域固有知識も，もとを正せば，その教科等ならではの見方・考え方に基づく探究や議論から析出してきたに違いない。したがって，教科等の本質との関わりを意識することで，個々の知識に関する意味理解はいっそう深まり，結果的に定着もよくなるであろう。
　また，一見すると多岐にわたる膨大な領域固有知識も，教科等の本質を踏まえることで意味ある構造化を果たすことができるはずである。これにより，子どもたちはその教科等の世界を高度に統合化された概念的なものとして把握することが可能となる。それは，その教科等の学びの全体像が目の前に晴れ晴れと広がり，すべてを鮮明に俯瞰できるような感覚をもたらすであろう。何より，統合化された概念的理解となっていてこそ，領域固有知識は子どもたちの洗練された，また創造的な問題解決を強力にサポートする。

　これは，熟達者と初心者の知識構造の比較研究が明らかにしてきたことである。例えば，物理学の熟達者（物理の博士号取得者）と初心者（学部学生）が斜面を物体が滑り降りる力学問題を解くのに用いる知識は，要素の数では大きな違いはないものの，知識同士の結び付き方，構造化の仕方に決定的な違いがあり（**図1，図2**），それは思考にも強く影響していた[4]。

　初心者はまず，斜面の角度，長さ，高さといった表面的特徴を連想し，最後にようやくニュートンの法則やエネルギー保存へと意識を向かわせる。一方，熟達者はいきなりニュートンの法則やエネルギー保存など斜面問題にかかわる物理法則を想起し，次に法則の適用条件に思いを巡らせ，最後に斜面の表面的特徴へと意識を向けていた。また，初心者は斜面問題とバネの問題を別種の問題と見なしたが，熟達者は解決に用いる原理や法則を根拠に同一カテゴリーに属すると判断した。

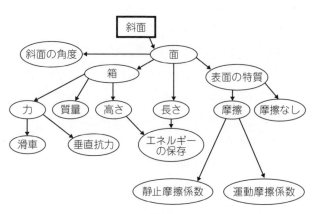

図1　初心者のスキーマ（知識構造）

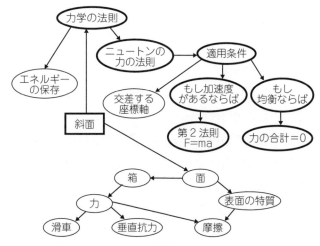

図2　熟達者のスキーマ（知識構造）

　熟達者は物理学の学問構造に近似した質の知識を所有しており，そのことが，世界を単なる物質の集まりではなく，物理法則によって支配されているシステムとして見ることを促していた。そして，日常生活で出合う事物や現象ですら，必要であれば，その表面的な

特徴に惑わされることなく，深層に潜む法則や原理の角度から眺め，処理できるのである。

　このように，特定の教科等を学ぶとは，単に知識の量が増えるだけでなく，知識同士の結び付き方のありようが，その教科等が持つ独自な意味ある構造，ここでいう教科等ならではの見方・考え方に沿った方向へと組み変わり，洗練されていくことである。そしてその結果，子どもたちは世界をこれまでとはまったく違った風に眺め，関わったり取り扱ったりできるようになる。これが，より洗練された，より創造的な問題解決の実行を可能とする。

　次にア）とイ）の関係であるが，汎用的なスキルと呼ばれてきたものの主要な実相は，特定の教科等で培われたその教科等ならではの見方・考え方が，当初の領域や対象を超えて他の領域や対象に適用されることで，問題解決の促進に貢献するといったものにほかならない。自然の事物・現象をよりよく探究するために発展してきた近代科学の方法や原理は，理科の中で体系的に指導されるが，それを社会事象や人間の理解に適用することなどは，その代表的なものといえよう。

　このように，汎用的なスキルは，旧石器時代の寓話に登場するような純粋に形式陶冶的な一般的能力ではなく，知識の生成や問題解決を可能とする具体的な認識や表現の方法と緊密に結びついたものである。したがって，汎用的なスキルの重視は各教科等の軽視を意味しない。それどころか，すべての教科等がそれぞれの特質に応じた見方・考え方を充実させるほどに，その他領域への適用という意味での汎用的なスキルは豊かさと確実性を増す。

　このような理解に立つとき，水と油の関係に見えたア）の汎用的なスキルとウ）の領域固有知識は，イ）の教科等の本質を仲立ちとして有機的に結び付き，三者が全体として調和的な一つの構造を実現する。

　その後，イ）は「各教科等の特質に応じた見方・考え方」（以下「見方・考え方」）という名称で，学習指導要領の中に位置付けられる。

　2017年版学習指導要領では，各教科等の目標の書きぶりが一新された。具体的な表現は各教科等により微妙に異なるが，基本的な構造としては，まず第1の文で，各教科等の特質に応じた「見方・考えを働かせ，○○な活動を通して，△△する（のに必要な）資質・能力を次のとおり育成することを目指す」と宣言される。そして，続けて(1)〜(3)として，資質・能力の三つの柱に基づき，具体的な記述が列挙されている。

　つまり，三つの視点におけるイ）から姿を変えた「見方・考え方」を働かせた学習活動を通して，資質・能力の三つの柱を育成するという構造になっているのである。

⑶ 「見方・考え方」の二つの側面

　これまでの整理から明らかなように，「見方・考え方」は，資質・能力を基盤に編成された2017年版学習指導要領の中核をなす概念である。では，「見方・考え方」とは具体的にどのようなものか。この問いに答えるには，そもそも教科等とは何かという地点にまで立ち帰って考える必要がある。

　ごく普通に「この教科は何をするんですか」と尋ねると，理科なら「自然の事物・現象を扱う」，国語科なら「文字や言葉，文や文章について必要な事項を教える」といった答えが返ってきそうである。しかし，各教科等は取り扱う対象や領域とともに，それらにどのようにアプローチするかという認識や表現の方法によっても明確に特徴付けることができる。

　例えば，理科は自然の事物・現象を対象とするが，輪廻転生は教えない。「輪廻転生は間違いだから」と理科教師は言うかもしれないが，近代科学主義なり実証主義という認識論的立場に立つからそういう判断になる。哲学や宗教，文学や芸術から見れば，輪廻転生というアイデアには大きな可能性があり，現にそれに依拠して美的創造を成し遂げ，あるいは幸せな人生を送った人々は，歴史的に見ても膨大な数に上る。

　実際，国語科では佐野洋子作の『100万回生きたねこ』を教材文にし，「どうしてねこは死んだのか」を学習問題に議論したりするが，それはファンタジーという世界観なり方法論を基盤にしてこそ成立する。一方，サイエンスに立脚する理科では，それは荒唐無稽な議論として退けられるし，国語科でも教材文がネコに関する説明文であれば，やはりそうはしないだろう。

　このように，各教科等には，知識や価値や美を生み出す独自にして根拠のある方法論がある。しかも，それらの間に優劣を付けることはできない。サイエンスから見ればファンタジーは荒唐無稽な絵空事に映るかもしれないが，ファンタジーという形式や方法でしか描くことのできない人生における重要な真実もまた，確実に存在するのである。

より具体的には,「見方・考え方」は2つの側面からなると考えられる。

第1は,述べてきた通りの,その教科等ならではの知識や価値や美の生成方法である。例えば,理科は条件制御,系統的な観察,誤差の処理といった近代科学の方法論を体系的,段階的に指導してきたし,社会科では多面的・多角的な見方を一貫して大切にしてきた。それらが当初の領域や対象を越え,別な領域や対象での問題解決に効果的に適用されることが,汎用的スキルと呼ばれてきたものの主要な実相であることは,先に述べた通りである。

第2は,その教科等に固有の知識や技能を統合し包括する中核概念である。理科における粒子やエネルギー,社会科における公正,平等,自由,正義などが,その典型と言えよう。なお,ここでいう中核概念と類似のものとしては,大きな観念(big ideas),根本原理(fundamental ideas),鍵概念(key concepts),主要な概念などがある。

「見方・考え方」を踏まえた知識の構造化により,表面的には別物に見える事物・現象や領域的に別の区分に位置付く事柄を,同じ原理の異なる現れとして統合的に理解できるようになること,また,それこそが洗練された問題解決の実行を可能とすることについては,すでに述べた。このような学びを実現すべく,カリキュラム編成,さらに日々の授業の計画や実施においても拠り所とされるべきものが,中核概念である。

例えば,理科の授業に際して教師が粒子という中核概念を意識していれば,4年生の空気の圧縮の実験の際に子どもが書いたモデル図に対しても,「みなさんが書いた図を見て,先生気が付いたんだけど,空気を押し縮めた時に粒の数が減っている人と,変わらない人がいる。どこからこの違いが生まれてきたのかなあ」といった問いかけができる。

この問いを巡って議論する中で,子どもたちは空気の出入りがない以上,体積が変化しても粒の数は変わってはいけないことに気付く。そして,質量保存に関する初歩的な概念や,物質の状態とその変化に対する着眼へと学びを深めていくのである。さらに,こういった授業を単元や学年を越えて何度も繰り返すことで,子どもたちは次第に粒子という中核概念を,理科の学びにおける汎用的な思考の足場や道具として身に付け,様々な現象の説明や予測に自発的に活用しようとするようになっていくであろう。

⑷「見方・考え方」の側から内容を見る

　以上を踏まえるとき，資質・能力を基盤としたカリキュラムにおける内容の選択
は，次の2つの基準によると考えることができる。基本的には，2つの基準の双方
をともに満たすことが要件である。
①　その内容の習得それ自体に内在的な価値があること
②　方法と中核概念の2側面において，その教科等の特質に応じた見方・考えを感
　　得し，深めるのに必要十分なイグザンプルであること
　①はカリキュラムである以上，当然のことであり，内容中心のカリキュラムでも，
しっかりと吟味されてきたに違いない。やや心配なのは，かつては十分に価値が
あったが，時代の変化や技術革新に伴ってそれが失われたにもかかわらず，形式陶
冶的な論理により延命の図られている可能性である。
　一方，各教科等で教える内容を「見方・考え方」を深めるためのイグザンプルと
見るという②の発想には，驚かれる方も多いのではないか。しかし，これまで見て
きたように，子どもたちの優れた問題解決を支えるのは，他領域にも自在に適用可
能となるまでに熟達化された「見方・考え方」である。その状態の実現をめざして
カリキュラムは編成され，実施されると考えるならば，そこに盛られる内容が「見
方・考え方」を感得し，深めるのに必要十分なバリエーションと量で構成されるの
は，ごく自然なことと言えよう。
　例えば，方法としての条件制御，中核概念としての粒子を感得するのに必要にし
て十分な内容とはどのようなものであり，それらを学年段階を追ってどのように配
列するのが効果的か。このように具体的に考えるならば，実はすでに各教科教育の
研究において，かなりの検討や蓄積がなされているのではないかと思う。そういっ
た知見に学び，内容を精査することで，オーバーロードの解消に向けた様々な議論
が可能となってくるに違いない。
　ただ，従来はともすれば，まず個々の内容の選択をその価値に基づいて行い，そ
れが確定した後に，それぞれの内容がいずれかの方法なり中核概念を学び深める
のにどのように有効かを配列等も含めて検討し，カリキュラムを編成することが多
かったように思う。つまり，先に内容があり，それらを何とか上手に使って「見方・
考え方」も深めようという発想だったのではないか。しかし，それではカリキュラ

ムが冗長なものとなる可能性や，逆に「見方・考え方」の深まりが不十分なものに
留まる懸念が払拭できない。

　資質・能力を基盤とした教育は，この手順というか優先順位を逆にすることを志
向するのであり，そこにイグザンプルという発想が生まれてくる。イグザンプルで
ある以上，「見方・考え方」との関係において近似した機能しか果たし得ないものが
複数ある場合，そのすべてを教える必要はない。まずは②に照らして，「見方・考え
方」の深まりにより貢献するもの，さらに①に照らして，内容それ自体としてより
価値の高いものを選べばよい。これにより，内容の精選が可能となり，オーバー
ロードの解消へと一歩近づく。

　もっとも，その結果として，個々の領域固有知識のレベルで見れば「そんなこと
も知らないのか」といった事態が生じる恐れはある。しかし，情報環境の進歩と普
及により，領域固有知識自体はいつでも，またどこからでも容易に手に入れられる。
もちろん，的確な検索を効率よく行い，さらに手に入れた知識の意味するところや
位置付け，活用の仕方などに関する推論を高い確度で行う上で，「見方・考え方」の
感得は必須の要件となる。

　決して，知識が不要だと言っているのではない。知識の質を変えようと言ってい
るのである。何より，「見方・考え方」は知識である。ただ，それは高度に統合化さ
れた概念的な知識であり，自在に活用が利く質の知識である。

　要するに，必要十分な量とバリエーションを持つ領域固有知識をイグザンプルと
して伴った形で「見方・考え方」が身に付いてさえいれば，さらなる細かな知識を
大量かつ正確に頭の中に保持する必要は，もはやどこにもない。これからの学校教
育がめざすのは，テレビのクイズ番組で，重箱の隅をつつくような問題に連続正解
できる学力ではないのである。

　思い返せば，1999年に開始される「学力低下」への懸念表明の中でセンセーショ
ナルに語られた事実の一つは，東京大学の文科系学生の三分の一が鎌倉幕府の成立
と滅亡の年号を知らないというものであった[5]。今現在，このことを重篤な教育問題
であると考える人は，どれくらいいるだろうか。

　もちろん，鎌倉幕府が貴族を中心とした社会からどのようにして生まれ，またど
のような変化をもたらしたかの意味理解はきわめて重要である。さらに，幕府を支
えていた御恩と奉公という原理が，海外勢力との戦いである元寇により機能しなく
なり幕府の滅亡を招いたことは，鎌倉幕府のみならず，政治体制のあり方全般を考

える上で非常に興味深い事実と言えよう。

　年号に関する知識は，このような学びの中で一定の役割を果たしはするが，数字としての年号自体を，しかも何の脈絡もなくクイズ番組さながらに急に尋ねられて即座に答えられることが，どのような意味で学力なのか。

　それでもなお，「そんなことも知らないのか」と言われると，あるいは言われるのではないかという不安から，覚えていないことがまるで重大な欠損であるかのような感覚を払拭できない人は少なくない。しかし，これこそが内容中心の教育が長年にわたって人々にかけてきた呪縛なのである。しかも，この呪縛のゆえに，大切な学びの時間の多くを個別的な事項の暗記に費やし，その代償として意味理解や概念的な把握がおざなりにされがちであった。

　内と外からふいに襲いかかってくる「そんなことも知らないのか」という声に怯えるのは，もうやめにしよう。あるいは，涼しい顔で「知りませんけど，それで何か」と応じられるようになっていこう。

　繰り返すが，これは知識の軽視ではない。概念的な意味理解は，今後ますます重要になってくる。大切なのは知識の質であり，資質・能力を基盤とした教育や「見方・考え方」の重視は，そのことをこそ訴えている。

　なお，内容から「見方・考え方」ではなく，「見方・考え方」の側から内容を見るというアプローチは，概してオーバーロードの解消に寄与すると思われるが，場合によっては，内容の追加を要請するかもしれない。目下における子どもたちの「見方・考え方」の定着度合いや深まりが，カリキュラムに盛られている内容の質や量によって頭打ちになっている可能性もまた，否定できないからである。その意味で，現在カリキュラムに盛られている内容にとらわれることなく，「見方・考え方」の育成を優先して考えたとき，この内容がこのような意味で，これまでにない重要な貢献を果たすのではないか，といった観点からの理論的・実践的な教科教育研究が今後に望まれる。

　物理的限界のあるカリキュラムに何を盛り込むか。その最適解の探究が，教科教育研究の中心的課題であることに変わりはない。資質・能力を基盤とした教育は，この課題の探究に新たな視座を提供しようとしている。

⑸10か月にわたって教科等別の部会が立ち上げられなかった理由

　2017年版学習指導要領は，資質・能力を基盤とする考え方によって編成された。このことは，改訂作業の進め方からも明らかである。

　従来であれば，改訂作業の開始とともに教科等別の部会が立ち上がり，それぞれの部会で内容に関する議論が行われていた。ところが，今回は2014年11月の大臣諮問から翌年夏までの約10か月間，教科等別の部会は立ち上がらず，教育課程企画特別部会でのみ議論が進められたのである。

　教育課程企画特別部会では，2030年の社会を生き，さらにその先の社会を創造する主体としての子どもたちに期待される資質・能力について，徹底した検討が進められた。ここから，「社会に開かれた教育課程」という理念や，資質・能力の三つの柱が導かれる。さらに，すべての各教科等について資質・能力の三つの柱の十全な育成をめざす観点から，「見方・考え方」の明確化と，これを内容編成における重要な拠り所とする方針が確認された。

　このような進め方を採用した理由について，教育課程企画特別部会は2015年8月26日の「論点整理」の中で，次のように説明している。

　「指導すべき個別の内容事項の検討に入る前に，まずは学習する子供の視点に立ち，教育課程全体や各教科等の学びを通じて『何ができるようになるのか』という観点から，育成すべき資質・能力を整理する必要がある。その上で，整理された資質・能力を育成するために『何を学ぶのか』という，必要な指導内容等を検討し，その内容を『どのように学ぶのか』という，子供たちの具体的な学びの姿を考えながら構成していく必要がある」（7～8頁）。

　2017年版学習指導要領が資質・能力を基盤としているという意味は，各教科等の目標が資質・能力の三つの柱で記されたといったことに留まらない。カリキュラム編成に際し，まず資質・能力や「見方・考え方」について検討し，それを踏まえて内容編成を進めるという，編成の方針や実際の手順まで含めてのことなのである。したがって，「見方・考え方」の側から内容を吟味し，一定程度の精選を進めることも，十分に可能だったはずである。

　ところが，冒頭でも述べた通り，今回の改訂では，授業時数においても内容においてもほぼ従来からの水準を堅持するとの方針が，かなり早い段階で決まってい

た。算数科・数学科のように，それでも資質・能力育成を軸に内容のあり方を領域編成から抜本的に見直した教科もある。しかし，多くの教科等では，従来からの内容を基本として，それらがどのような意味で「見方・考え方」なり資質・能力の育成に関わっていくのかを丁寧に吟味し，整理する作業が中心となっていたように思う。もちろん，それが今回の改訂の基本方針にのっとることであり，またその限りにおいて資質・能力の育成に大いに資するカリキュラムが編成されたと，私も理解している。

とはいえ，やはり内容の精選が十分に行えなかったことは，今回の改訂における最大の積み残し事項ではあるだろう。資質・能力を基盤としたカリキュラム編成が原理的に兼ね備える利点は様々あるが，内容の精選とそれによるオーバーロードの解消は，とりわけ大きなものの一つである。

その意味で，資質・能力や「見方・考え方」の側から内容を抜本的に見直し精選するとともに，必要なものを存分に盛り込むことで各教科等の教育にとってよりよい構造を創出するという，資質・能力を基盤としたカリキュラム編成本来のアプローチの本格的な展開が，今後に期待される。

3　教育方法の工夫による授業時数の節約

(1)明示的な指導

カリキュラムには，学習指導要領のような目標・内容水準に加えて，各学校の年間指導計画に代表される活動・教材水準がある。その意味で，前節で考えてきた内容の精選と並行して，資質・能力を着実に育みつつ授業時数を節約できる教育方法，単元，年間指導計画の開発にも取り組みたい。そこでは少なくとも，明示的な指導，オーセンティックな学習，個別最適な学びという三つのアプローチが具体的に有効であると思われる。

第1のアプローチは，「見方・考え方」を構成する方法や中核概念を，イグザンプルとなるべき学習内容や学習活動と効果的に組み合わせ，明示的（explicit）に指導するというものである。

例えば，理科の振り子の実験で「どんな工夫が必要かな」と問えば，様々に試す

中で，子どもたちは「何度も計って平均値を取ればよさそうだ」と気付く。この段階で教師は誤差の処理を指導できたと思いがちだが，いまだ振り子という具体的な対象や状況との関わりでの気付きに留まっており，誤差の処理という抽象的な概念的理解にまで到達してはいない。

そこで，授業の最後に「どうして今日の実験では何度も計っていたの」と尋ねると，子どもたちは「理科の実験では正確なデータを得るためにいつもそうしているから」などと答える。ここで，「そうかなあ。この前の検流計の時には何度も計ったりはしていなかったよ」と切り返してやれば，子どもは「だって，検流計はピタリと針が止まるから。ああ，そうか，同じ実験でもいろいろな場合があるんだ」とようやく気付くのである。

この発見を契機に，これまでの実験や観察の経験を総ざらいで整理し，それぞれの工夫を比較しながら，その意味を丁寧に確認する授業を実施する。そして，整理の中で見えてきた科学的探究を構成するいくつかの中核概念について，子どもたちが自在に操れるよう「条件制御」「系統的な観察」「誤差の処理」などの言語ラベルを付与する。さらに，それらを用いて新たな実験や観察について思考を巡らせる機会を適宜設けるのである。このような段階的で明示的な指導により，子どもたちは次第に科学の方法論やその背後にある論理を深く理解するようになっていく。

いかに科学的な原理にのっとった実験や観察であっても，単に数多く経験しただけでは，科学的な「見方・考え方」を身に付け自在に繰り出せるようになるには，なお不十分である。さらに，表面的には大いに異なる複数の学習経験を関連付け，俯瞰的に眺め，そこに共通性と独自性を見出すことで，統合化された概念的理解へといざなう必要がある。

「見方・考え方」を明示的に指導する方法としては，別な行き方もある。

知人がオランダで中学校の歴史の最初の授業を見たのだが，教師がいきなり「歴史には書かれた歴史と書かれていない歴史がある」と語り出したのだという。そして，書かれていない歴史の例として，パルテノン神殿の写真などを見せた。一方，書かれた歴史には２種類あって，その当時の手紙や裁判の記録などの１次史料と，後の時代に書かれた歴史書のような２次史料があるというのである。すると，教科書ははるか後の時代に書かれた歴史になるから，しっかりと疑ってかかる必要があるし，そこで役立つのが当時の書かれた歴史や書かれていない歴史だということになる。

　もちろん，最初の時間にこんな話をしたからといって，それで歴史的な「見方・考え方」が身に付くわけではない。しかし，それで構わない。なぜなら，その後の授業では毎時間一貫して，この枠組みで個々の事象を丁寧に検討するからである。子どもたちは様々に異なる歴史的な出来事やその影響なり意味について，繰り返し同じ「見方・考え方」で思考する経験を積み上げていく。そのような学習経験をイグザンプルとして，次第に子どもたちの中に歴史的な「見方・考え方」が確立されていくという仕組みなのである。

　明示的な指導には，多様な学びの経験をどこかの段階で振り返り，比較，整理，統合する中で「見方・考え方」への自覚を促す方法と，先に「見方・考え方」を提示し，後から具体的な学びを一貫した方法で提供する二つの行き方がある。いずれが適しているかは，指導する教科等や内容なり「見方・考え方」の特質，さらに学校段階や学年によっても違ってくるだろう。

　なお，明示的な指導を行う授業分の時数は，通常の時数に上乗せとなる。しかし，いったん子どものうちに特定の「見方・考え方」が感得され，多様な学習経験のどこに着眼すればよいのか当たりが付くようになれば，子どもたちは徐々に先回りして学ぶようになる。以前，ある学校で算数の授業の冒頭に「さて，今日の基準量は何かな」とつぶやく子どもに出会って驚いた。６年生算数科の学習内容の多くは「基準量×割合」という構造を有しているが，子どもたちはすでに気付いており，自ら進んで新たな学習内容にこれを活用していたのである。こうなると，授業は子どもたち自身の意志と力によってどんどんと加速し，結果的に大幅な時数の節約が実現する。

⑵オーセンティックな学習

①学びの文脈を本物に近づける

　第２のアプローチは，学びの文脈を本物に近づけるというもので，近年，オーセンティック（authentic：真正な）な学習として注目をあびている。

　学校で教えている内容それ自体は，すべて本物である。しかし，子どもが無理なく学べるようにとの配慮から，内容を教える際の文脈が，学校用に妙に加工されたものとなっていることが少なくない。その結果，かえって不自然で実感がわかなかったり，教科書の問題は解けるようになっても，実社会での問題解決に活用でき

なかったりという事態を生んできた。

　例えば，割り算を教えた後の適用題で，割り算で解ける問題ばかり出題するから，子どもは何も考えず，ただただ割り算を実行する。それではドリルと同じで，今日学んだはずの割り算という新たな数理の意味理解にはほとんど貢献しない。したがって，ここは割り算で解ける問題を2問，引き算で解ける問題を1問，さらに解けない問題，例えば「140人の子どもがバスに乗ります。バスの運転手さんは35歳です。何台のバスが必要ですか？」といった問題も1問潜り込ませるのが得策である。

　解けない問題を出すのは，現実世界の問題解決では，そもそもこの問題が解決可能かどうかから判断しなければならないからである。あるいは「先生，このままでは解けません」「バス1台が何人乗りかを教えてくれれば解けます」と言える子どもにしたいのであり，それこそが割り算を理解しているという状態にほかならない。どのような問題場面にどのような理由で適用可能なのか，適用条件は何で，どのような変換を施す必要があるのかまで伴っていてはじめて，知識は自在に活用可能となる。

　子どもはというと，最初こそ140を35で割る子や，「先生，引っかけ問題じゃないか。ずるい」などと不満げに言う子が出るが，心配しなくとも，すぐにポイントをつかみ，次第に勉強や問題解決に対する構えまで変化させてくる。なぜなら，それが本来の姿，つまりオーセンティックであることは直感的にわかるし，その方が断然いいと感じるからである。

②教科等を横断する学び

　学びの文脈をオーセンティックにしていくと，内容的に複数の教科等を横断する学びになることが少なくない。現実世界における人々の実践の多くは各教科等の枠内に収まりはしないから，これは自然なことである。学習指導要領上も，合科的・関連的な指導ないしは教科等横断的な視点でのカリキュラム・マネジメントという位置付けで，大いに推奨されている。

　例えば，総合的な学習の時間を核として地域の川の環境問題に取り組む中で，理科，社会科，家庭科の内容はもとより，説得力のある論理的なレポートを書く学習で国語科，データを様々なグラフに表現し吟味する学習で算数科といった具合に，多くの教科等の学びが環境問題というテーマの下，無理なく統合されていく。一貫した問題意識の中で連続する学びが展開されるため，子どもの意欲も高い状態が維

持されるほか，時数的にも題材や主題を共有することによる大幅な節約効果が見込めるなどメリットが多い。

　欧米ではテーマ・アプローチなどと呼ばれ，やはりオーセンティックな学習を原理としているが，身近で切実な問題解決に挑む中で教科の学びを存分に活用する経験を通して，子どもたちは教科を学ぶ意義を深く実感するとともに，自分たちの地域生活を広い意味での科学の視点で吟味することの重要さをも感得する。文字通り，生活と科学の実践的統合が実現されるのであり，学校教育が最終的にめざすべき学びの姿の一つといえよう。

③道具の変化に伴う授業の刷新

　オーセンティックな学習とは，現実に行われている本物の実践に学びの状況を近づけることで，学ばれた知識も本物になり，自在に活用が利くようになるという原理に立っている。すると，用いる道具に技術革新が生じるなどして実践のあり方自体が変化したならば，授業も変化して当然であろう。

　例えば，学校ではいまだに作文を手書きで行い清書までさせるが，ナンセンスである。以前，1文字の脱字に気付いた子どもが丁寧に書いた何行もの文字を消しゴムで消していたところ，原稿用紙が音を立てて破れ，すっかりやる気を喪失する場面に出合ったが，こんなことをいつまで続ける気か。

　作文の本質は文字を書くことではない。伝えたいこと，表したいことにふさわしい論理や表現となるよう文章に様々な工夫を施すことであり，施した工夫の妥当性を慎重かつ多角的に吟味することである。作文の本質は推敲にあるという意味理解を促すためにも，ある程度長い文章は，ローマ字の指導が始まる小学校3年生からパソコンでの作成を基本にしたい。

　最初こそ入力に手間取るが，手書きと違い，一度入力した文字は訂正や推敲の際にも書き直す必要がない。このことに気付いた瞬間から，子どもたちは入力の手間を厭わなくなるから不思議だ。さらに，清書はプリンタがやってくれ，誰でも綺麗に仕上がるから，子どもは作文が好きになる。

　作文は一例に過ぎない。GIGAスクール構想により配備される一人一台のパソコンを存分に利活用して，学校での実践が，一般社会でごく普通に展開されている実践と一定の連続性を持つようにしていきたい。それにより，学校で身に付けた知識や技能が，実社会・実生活での活用に耐えられる質を備えるようになる。また，ICT

が広く一般社会にもたらしている恩恵の一つである，仕事の効率化と時間の捻出も期待できる。オーセンティックな学習の原理に基づいた ICT の利活用は，大幅な授業時数の節約をもたらす。

⑶個別最適な学び

　第3のアプローチは，個別最適な学びの展開である。

　伝統的な一斉指導は，教師の指導効率こそ高いが，一人ひとりの子どもの学習効率は低い。例えば教室には，何事もすばやくやれる速い子と，万事スローモーな遅い子がいる。速いのがよく，遅いのが劣るのではない。大器晩成というように，遅い子はじっくりと物事を考え，丁寧な仕事をするかもしれないし，速い子はその分，早とちりをして失敗するかもしれない。速いか遅いか自体には優劣はつけられないし，つけるべきでもないのである。

　ところが，現状では速い子の方が圧倒的に有利である。これは，一斉指導が子どもたちの間に存在する多様性を無視し，一定のペースで行われることに起因する。「真ん中よりちょっと下」のペースで授業を実施することは，現場の古い経験則である。「ちょっと下」という表現が暗示するように，それは知能を典型とした能力を想定しているが，現実には能力があっても学習速度の遅い子はペースについていけない。

　教師は「5分でやってみましょう」と言い，5分後には「まだ終わっていない人も鉛筆を置いて」と活動を途中で打ち切らせてきた。7分あればやれる能力を持つ遅い子は，中途半端なまま次の活動へと強制的に向かわせられる。かくして，遅い子はその時間「できなかった子」になる。問題は，そんな日々の累積が，いつしかその子を「できない子」「能力のない子」にすり替えていくことであろう。

　一方，速い子は問題なく学習を成立させられる。現状では速い子は「できた子」になり，さらに「できる子」になりやすい。しかし，悩みもある。教師が5分と設定したところを，3分でやり終えてしまうのである。速い子はいつも待たされており，物足りなさやイライラを感じている。このように伝統的な教室は，常に急かされる子と待たされる子で満たされてきた。

　学習速度一つとっても，これほどの問題がある。子どもたちは，さらに様々な面において異なっている。学習に影響を及ぼす個人差としては，学習速度のほか，習

熟度，学習スタイル，興味・関心，生活経験などがある。ところが，授業は常にたった一つのペース，筋道，教材，目標で行われてきた。

　子どもたちは一人ひとり様々に違っている。違っていていいし，違っていることがその子の学習や発達に有利にはたらくようにしたい。少なくとも，違っていることが不利にはたらかないよう，策を講じる必要がある。

　指導者側から見た場合に「個に応じた指導」，学習者側から見た場合に「個別最適な学び」と呼ばれるものは，このような教育の思想ないし立場と，それを実現する様々な教育の方法や技術の総称である。それは，多様な子どもの一人ひとりに対し，それぞれが必要とする学習時間，教材，学習過程などを個別的に豊かに，また柔軟に提供することをめざす取組みであった。

　この取組みが奏功した時，一人ひとりの子どもの学習効率は最大となる。実践経験的には，最も遅い子やその内容を苦手とする子でも，教科書会社が推奨する時数内ですべての学びを自力で終えることができる。また，速い子や得意な子は，予定された半分ほどの時数で必須とされた内容を学び終え，発展的な学習へと進んだり，仲間の学習を支援したりする。個別最適な学びの適切な展開により，大幅な時数の節約が可能となるのは確実である。

[引用文献]

1　Peddiwell, J. Abner. *The Saber-Tooth Curriculum.* New York: McGraw-Hill Book Co. 1939（なお，寓話の訳出に際し　浅沼茂・奈須正裕著『カリキュラムと学習過程』放送大学教育振興会，2016年　を参考にした）

2　天岩静子「珠算・筆算間の減算手続の転移」『教育心理学研究』35巻，1987年，41–48頁.

3　White,R.W. Motivation reconsidered: The concept of competence. *Psychological Review,* 66, 297-333, 1959.

4　Chi,M.T.H., Glaser,R., and Rees,E.Expertise in problem solving. In R. Sternberg, ed., *Advances in the Psychology of Human Intelligence, volume1.* Erlbaum, 1982.

5　橋本健二「高等教育の大衆化時代における学力問題」『教育評論1999年9月号』アドバンテージサーバー，1999年，16-19頁

	Mon	Tue	Wed	Thu	Fri
1st					
2nd					
3rd					

ソリューション編

	Mon	Tue	Wed	Thu	Fri
4th					
5th					
6th					

第4章—solution 1
コンピテンシー・ベイスを原理とした
カリキュラムのスリム化

福岡教育大学附属福岡小学校

1　研究の目的と仮説

　本研究は，文部科学省研究開発学校（2015年度～2022年度）として，未来社会を創造する主体となる子供の文脈を中心とした教科の枠組みを創り，カリキュラムのスリム化を行うことを目指している。その具体的方策として，次の二つの水準でカリキュラムのスリム化を図っている。

　①「内容（カリキュラム編成）」の水準
　教育課程の基準としての学習指導要領にあたる内容水準において，教科等を7教科に再編する。さらに「統合化」「複合化」「焦点化」という3つの方法により，「内容」の削減を進める。
　②「活動（カリキュラム実施）」の水準
　年間指導計画の水準において，「テーマ」「リレーション」「フォーカス」という3つの学び（単元構成の原理）により，授業時数の削減を進める。

　この2つの水準でのスリム化をすることにより，2019年度は新教育課程比698時間の授業時数の削減に成功しており，2020年度はさらに35時間減の733時間の授業時数の削減をめざし，子供たちの資質・能力育成に取り組んだ。
　本研究でめざす未来社会を創造する主体とは，自己の学びを多角的に見つめたり，仲間や他者と協働的に実践したりすることを通して，自らの意志で社会を切り拓き，新たな価値を創り出そうとする子供のことである。そこで，本研究の目的は，コンピテンシー・ベイスを原理とした子供の文脈から編成した独自の7教科において内容水準のスリム化を図るとともに，テーマ，リレーション，フォーカスの3つ

の学びを行うことで豊かに学びつつ活動水準のスリム化を図ることとした。この目的からカリキュラム・オーバーロードの解決を図るために，次の研究仮説を立てた。

> 　以下のように，7教科におけるカリキュラム・デザインを3つの学びによって行えば，3つの資質・能力を発揮させることができるであろう。
> **(1)コンピテンシー・ベイスを原理とした子供の文脈中心の7教科**
> 　子供からみた学びの価値「子供の文脈」を中心として，人間，社会，言葉，数学，科学，芸術，健康の7教科を創設する。
> **(2)　内容水準のスリム化のための3つの方法**
> 　「①統合化[1]」「②複合化[2]」「③焦点化」の3つから，①内容を構造化すること[3]，②内容を合わせること，③必要な知識を絞ることから内容の措置を検討する。
> **(3)活動水準のスリム化と豊かな学びを創出する3つの学び**
> 　教科横断的に学びを展開するテーマ，合科的・関連的につなげるリレーション，知識を焦点化するフォーカスの学びでカリキュラムを創る。

2　未来社会を創造する主体を育てる

(1)未来社会を創造する主体とは

　自己の学びを多角的に見つめたり，仲間や他者と協働的に実践したりすることを通して，自らの意志で社会を切り拓き，新たな価値を創り出そうとする子供のことである。このような子供たちがもつ「省察性」「協働性」「創造性」の3つの資質・能力を次のように定義している。

(2)未来社会を創造する主体の資質・能力とは

> 省察性……自分の学び方や在り方を深く内省し，自己をあるがままに認め，これからの志を明らかにしていく資質・能力
> 協働性……仲間や他者の考えに耳を傾け，人々と共に自分が人や社会，自然のために力を合わせ働きかけようとする資質・能力
> 創造性……自ら課題を設定し，探究する過程の中で獲得した知をつなげたり組み合わせたりしながら，新たな知を創造する資質・能力

本校の資質・能力の構造は3つからなる。中核は「省察性」が担い，これは人間としてよりよく生きていくための大切な部分である。「省察性」は松下（2016）が様々な資質・能力論のキーとなるとしているように重要なものである[4]。ここには，メタ認知能力や自己理解力，目標設定能力などの能力や自己形成する資質が含まれている。ここで重要なのが「協働性」である。人間は他者からの目で自己を理解することができる。すなわち，自己とは他者から映し出された鏡とも言われる。この「協働性」は仲間や多様な他者と関わり力を合わせることができる人間関係形成力や傾聴力，他者理解力などの能力や，共感性などの資質を含む。「創造性」とは，「省察性」と「協働性」とともに発揮され，自分の知識および技能を使いこなし，課題を設定したり，解決したりすることで新たな知を創造する資質・能力である。本校においては質の高い知識及び技能と思考力・判断力・表現力等は類別しない。それらはともに働くからこそ価値があると考えているからである。

この3つの資質・能力を規定するに至った背景は，本校が今までの研究で大切にしてきた人間存在の原理（実存的存在，社会的存在，文化的存在）と，特にOECD Education 2030の「未来を変革し，未来を創り上げていくためのコンピテンシー」との関わりである。創造性が「新たな価値を創造する力」，協働性が「対立やジレンマを克服する力」，省察性が「責任ある行動を取る力」とつながりがある[5]。このような資質・能力を発揮させるコンピテンシー・ベイスの教科の枠組みのためにも，資質・能力と教科の構造が整合していることと，資質・能力が発揮されるための子供の文脈を中心とした枠組みが必要である。

図1　3つの資質・能力とその背景

3　コンピテンシー・ベイスを原理とした子供の文脈中心の7教科

(1)子供の文脈を中心とした7教科とは

子供が見る世界に合わせ，自己への学びである人間，他者や人の営みに関わる対

象世界への学びである社会，文化的側面としての対象世界への学びである言葉，数学，科学，芸術，健康の7教科のことである。すなわち，子供が生きていく上での普遍的な対象を基に教科をシンプルな形にする。この7教科と資質・能力の関係は，まず，いかに生きていくのかという哲学的な見方・考え方に迫る人間科が主に省察性と関わる。次に，他者との関係構築や社会における人の営みを基にこれからの社会を考える社会科が主に

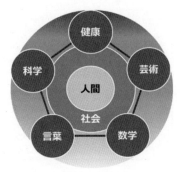

図2　7教科の構造

協働性と関わる。最後に5教科は文化の継承と発展を担っており，主に創造性と関わっている。もちろん7教科のどれもが3つの資質・能力の育成に寄与している。7教科の概要は次の通りである（**表1**）。

表1　各教科の概要

教科	特徴
人間	人格の完成に直接向かう，全教科の核となる教科である。本教科は生きる意味や価値を見つめ直すことを通して，自分や他者，生命や世界との関わりにある道徳的な問題を解決する過程の中で今の自分を受け入れ，理想とする自分に向かって，自己形成を図る主体の育成をめざす。特にありのままの自分の特徴や生きていく上で大切な価値を理解し，あるべき自分やありたい自分をつくろうとする省察性の育成を重視する。
社会	子供の実生活と各教科を関連させる役割を担う教科である。本教科は，日常や社会の生活における問題を見いだし，持続可能で公正な社会の実現のために参画する活動を通して，日本を土台に世界に貢献する主体としての自覚や責任を培うことをめざす。特に日常や社会の生活における自己の役割や義務，権利に気付き，日本に住む人間としての深い知見や良識をもって行動する協働性の育成を重視する。
言葉	過去と未来，自分と世界の人と人がつながるために必要な言語という文化的側面を学ぶ教科である。本教科は，言葉に関する課題を捉えその解決を図る，日常生活の言語活動を通して，豊かな言葉の使い手を養うことをめざす。特に，言葉に関する課題について筋道を立てて表現させ，他者と協働し合いながら，新たな自分の考えを創り出す創造性の育成を重視する。
数学	人類が築き上げた数，量，形という文化的側面を学ぶ教科である。本教科では数や形に親しみ事象を数理的に捉え，問題解決を通して自ら問いを見いだし，数学的な概念や原理・法則を見いだしたり，それらを活用したりする力を身に付けることをめざす。特に事象から数や形，量についての問題を解決する論理的思考を通して，新たな考えや価値を見いだす創造性の育成を重視する。
科学	自然事象との出合いから生まれた問題を，仮説に沿って，粘り強く観察，実験し，科学的に解決する資質・能力を育むことをめざす。特に，自然事象を生命の連続性，地球（地層や天体）の時間的・空間的視点，エネルギーの量的変化，粒子の質的変化で捉えて問題解決することで科学的に妥当な新たな考えを創る創造性の育成を重視する。

62

芸術	表現欲求や感動体験を通して，人間が生み出してきた芸術という美を学ぶ教科である。本教科では，美を追究するために感性を働かせ，材や作品から美を感じ思いや意図を明確にしながら表現する活動を通して，美的情操を培い美と豊かに関わることをめざす。特に感性と知性を一体化し往還させ，芸術に対する価値観を見いだし表現をつくりだす創造性の育成を重視する。
健康	子供が生涯にわたって心身の健康を保持増進するための基盤をつくる上で重要な教科である。本教科では身体や食，運動に関わる課題解決に向けた実践的・体験的な活動を通して，自分と健康に関わる内容との関り方を見いだしていくことをめざす。特に，知識や技能を用いて課題解決に取り組み課題を解決することで新たな知識や技能を発見したり身に付けたりする創造性の育成を重視する。

⑵子供の文脈を中心にするとは

　文化の継承・発展や社会現実への対応を第一義とするのでなく，子供から見た学びの価値を中心にした教科を編成していくということである。

　コンピテンシー・ベイスを原理とするカリキュラムにおいては，その編成原理を「子供中心」「人間的要請」「子供の求め」などの子供の文脈を中心に据え，社会現実に子供が挑み，文化の継承・発展に資するカリキュラムを構築する。このことは次の3点からカリキュラムのスリム化につながる[6]。

①教科の論理ではなく子供の論理で内容を見るので重なりが少なくなくなる

　例えば，体育科（保健領域），特別活動，家庭科のそれぞれに「食」に関する指導がある。「食育」の観点から，体系的に行う動きはあるものの，現行教科等にはそれらの内容が点在し，子供にとって同じ指導が繰り返されている。子供の論理でつくる内容配列ではこのような重なりを排除できる。

②資質・能力を顕在化させる構造の理解を重視する

　ブルーナーが述べているように，子供が学ぶには構造の理解が重要である。それは将来にわたって詳細で断片的な知識よりもその構造さえ学んでいればあらゆる状況に使えるからである。すなわち，資質・能力が子供の中で顕在化されるために，各教科の見方・考え方を頂点とする「知の構造」を明確にする必要があるといえる。教科の見方・考え方は，内容知に関わる転移可能な「概念（宣言的知識）」と，方法知に関わる「方略（手続き的知識）」に整理できる。そして，概念に付随する事実的

知識と方略に付随する個別スキルがある。この「知の構造」によって，子供たちの資質・能力がいかに高まっているのかを見つめる基準ともなる。より質の高い「知」が表れるときに子供たちの資質・能力は大きく発揮され，低位の場合は発揮されにくい[7]。例えば3年生の社会科の消防の学習において，いくらポンプ車やレスキュー車の機能や道具の種類を知っていても「自助・共助・公助に基づく計画的・組織的な関係諸機関の連携・協力」という構造を捉えていなけれ

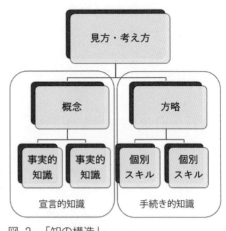

図2　「知の構造」
（石井（2015）を基に齋藤が加筆）

ば，続く，警察や4年生での風水害，5年生での自然災害，6年生の政治学習に生かされない。反対に何が本質的なのか見極めることができていれば，余計な知識やスキルを軽減できる。このように，より教科の本質に迫る学習が重要である。

　一方で，同じ対象でも教科の見方・考え方の違いによって迫り方が異なることを実感させる有機的な関連や教科横断が引き起こされるようにすることも重要である。例えば，同じ「江戸の文化」であっても社会的なアプローチで見る「町という概念が形成された庶民による文化」と「江戸の華やかさを表す日本の楽器を使った表現」という芸術的なアプローチでは，対象は同じであっても全く異なる内容となる。これらをつなげて学び，それぞれの教科の視点で振り返りをすることで如実に教科の見方・考え方を実感させることができる。このように，より教科の本質的なことを明確にすることが事実的知識と個別スキルの軽減につながる。このことは石井（2015）の本質的な内容を整理することは，深く学ぶべき内容を精選する出発点という指摘と合致する。このように本質から考えていくと，従前の国語科の中学年以降の手書きの作文や毛筆，算数科の時計やそろばんの学習や理科のゴムを使ったおもちゃや振り子の学習，家庭科の被服の学習などは教科の見方・考え方に迫るものではないことから削減することができると考えている。

③子供が知っていることや身に付けていることをゼロとして見ず，子供の中に育っ
ていることを基に学びをスタートする

　子供の文脈を中心にすることは，子供たちの詳細な実態に立ち返った単元のゴー
ルと目標設定を行うことである。すなわち，教師の敷くレールではなく，子供がつ
くる学びの道標を基に子供にとって本当に意味ある学びを実現することができる。
すなわち，子供がそもそも知っていることや分かっていることを無視して学ばせる
のではなく，知っていることや身に付けていることを起点にして学習を創るのであ
る。そういった考えからすれば，従前の算数科の時計の指導や家庭科の住環境の学
習として位置付ける必然性はなくなる。生活の中で学んで自然に身に付けているも
のをあえて切り出して，あたかも新しいことを学ぶようにするのではなく，生活で
学んでいることを基盤としてカリキュラムを創ることでスリム化が図れる。

4　内容水準のスリム化のための3つの方法

　3(2)の①〜③で示したスリム化のメリットをもつ7教科の枠組みの中で，以下の
3つの理念から子供たちにふさわしい教育内容を選び出す。

(1)統合化とは

　各教科が分離独立するのではなく，人間としての生き方に関わる「自然災害と人
間」「公共の福祉」「国際社会における多様な他者の理解」「自然環境と人間」「生命
のつながり」等の主となる概念とそれに関わる他教科の概念とをつなげるという考
え方である。例えば「身体が不自由な方への福祉」という概念を主として考えると
き，そこには「誰でも暮らしやすいまちづくり」という社会科の概念や「言葉では
ないやりとり」という言葉科の概念，「くらしやすさを表すデータの推移」などの数
学科の概念が関連概念として設定される。総合的な学習の時間にこのような価値あ
る学びをすべて押し付けるのではなく，そこに息づく可能性のある教科の学習を想
定し豊かな学びを保障しつつ，スリム化するようにしていく。

⑵複合化とは

　同じ対象に対して，教科による見方・考え方の違いを重視しつつも概念同士をつなげるという考え方である。例えば，社会科の「県の特色」という概念と数学科の「折れ線グラフと棒グラフのデータ」という概念を合わせ，社会科で追究するための数学科の概念を使うという方法も考えられる。これには現行算数科においてもデータに対する目的意識をもたせにくいという課題を克服するうえで双方にとって好ましい複合化であると言える。こうすることで，知識が分離独立したものではなく，子供の中の生きた経験として蓄積されるとともにスリム化が図られると考える。

⑶焦点化とは

　文脈的アプローチを重視しつつ教科の本質を明らかにした考え方である[8]。ここには，特にその学習で必要となる見方・考え方を明らかにしていくことを重視する。社会科の学習においては「律令政治」「摂関政治」「封建政治」などの概念における詳細な内容ではなく「政治の仕組み」という概念に焦点化すれば，政治学習での概念を生かすことも可能である。しかしながら，このような方法で内容を身に付けさせることが難しい地図記号や等高線等の事実的知識は現時点での実用性が乏しくとも今後必要になるものである。このような知識やスキルは子供たちの中で抜け落ちやすいということを踏まえ，朝の活動などと関連させながら，スリム化を図る。
　以上のような内容のスリム化に基づいて，3つの措置を検討する。

---

　① 　**焦点化し，内容に絞る**
　　いつの時代も必要となるべき不変の内容とこれからの子供たちが生きる時代に合った学ぶべき概念や方略を明らかにした上で，焦点化する。
　② 　**複合化を図り，内容を合わせる**
　　概念のつながりが高いものを他教科と関連させることで，それぞれに複数ある類似した内容を1つに合わせることができるようにする。
　③ 　**統合化を図り，内容をまとめる**
　　主となる「人間科」の概念とそれに関わる他教科の概念をつなげ，教科の構造の理解にもつなげていく。

　以上のような考え方を基にした「テーマ」「リレーション」「フォーカス」の３つの学びを実際の実践事例を基に提案していきたい。

5　「テーマ」「リレーション」「フォーカス」の３つの学び

⑴テーマ学習とは

　子供たち自身がテーマを設定し，教科を横断するダイナミックな学習の中で，概念的理解を拡大していく子供の文脈に沿った学びである。

　第６学年「わたしたちにできること」の学習では，実際に九州北部豪雨の被災地を見学し，この災害をどう乗り越え，何を学ぶべきなのか，切実な問題意識をもった子供たちは「問い」を基に教科等の枠にとらわれない学びを行った。

　自然科学に関わる「問い」は，科学科で解決していった。例えば，被災地の自然災害のメカニズムについての問題意識からは「なぜ雨によって土砂が流れ，川の流れまで変えてしまったのか」について流水実験を繰り返しながら，仮説検証を行った姿があった。また，「なぜ雨が降り続くのか」ということについても梅雨前線が影響した線状降水帯について，福岡管区気象台の方にインタビューしながら天気図を基に追究する姿も見られた。また，社会科学に関わる「問い」は社会科で解決していった。例えば，「命を守るための政治の仕組みはどうだったのか」という「問い」については，県の災害対策本部を中心とした市民の願いに基

写真１　九州北部豪雨の被災地に実際に出向いた子供たち

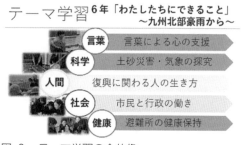

図３　テーマ学習の全体像

づく組織的な対応，国を挙げた全国的な支援以上に必要な自助の意識など，政治概念についてボランティア，行政の方と意見を交えながら追究する姿も見られた。他にも，健康科では避難所の健康問題についての課題から，災害時における心身ともに健康でいるための食と運動と生活習慣の関係についての体験的な学習。さらに言葉科では，東日本大震災での歌の支援を中学校の説明的文章の教材文から思いつき，創造的な作詞活動を展開する姿も見られた。

　このような学習が展開される中，休日に自ら災害ボランティアに参加したいと申し出た子供たちも出てくるなど，市民的資質を感じさせる子供の主体的な行動も見られるようになった。

　九州北部豪雨に対する支援と防災から，「わたしたちにできること」という学習の中心となるテーマの下，多くの教科等の内容が有機的な関連をもちながら学ぶことができた。その結果，生活と科学の実践的統合が図られ，教科の知識が生きて働くようになり，また生活が科学化されるダイナミックな探究が実現された。このようなテーマ学習はわたしたちが最も理想的な探究と考えている。本実践における授業時数削減効果は21時間であった。

(2)リレーション学習とは

　各教科の学習内容が有機的に結びつくことが想定される学びである。ここでは，例えば同じ対象の学習を同時期に展開することで，同じ対象を異なる教科の視点から見つめることができる。

　低学年期には，「秋遊び」の学習に見られるように学習対象は同じであるが自然と子供の学びが結び付き合って，子供たちの中で無自覚にあらゆる様々な教科の見方で対象との関わりを考えることが一般的である。このように教科の見方・考え

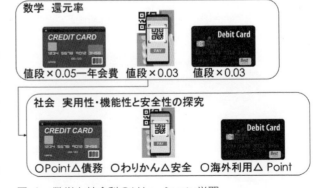

図4　数学と社会科のリレーション学習

方で学びを自覚化させることが，リレーション学習の役割である。特に幼稚園教育において，領域は時間ではなく，教師の見取りと捉えられており，子供たちは表現や社会の時間と意識して学ぶのではなく，教える側が子供たちを領域の観点から見取ることを大切にしている。このような視点で子供の姿を見ることがリレーション学習においても重要であり，中高学年にも位置付けられると考えている。

　例えば，第4学年では，次のような社会科と数学科のリレーション学習が展開された。本単元は「くらしをゆたかにするお金」の学習として数学科で「％」について知り，元の数を100で見ることを学んだ子供たちは，クレジットカード，スマホ決済，デビットカードのどれがお得かという還元率の視点で学んだ。

　社会科での多様な支払い方について話し合う様子は次の通りであった。

　T：現金しかなかった支払いの方法に，クレジットカードが加わって生活はどう変化したのかな。
　C：後払いができるし，まとめて払えるから便利になったと思う。
　T：では，その便利さはこの（板書中央の関係図）仕組みの中のどの矢印が支えているのかな。
　C：お店からカード会社に伸びる矢印だと思う。カード会社がサービスをするためには，儲けがいるわけで，それはお店からの手数料があるからできるのだと思う。
　C：カード会社からわたしたちに伸びる矢印だと思う。江戸時代の「つけ払い」のように，知り合いしか使えないサービスではなくて，顔見知りではない人でも使えるのは信用があるからだと思う。
　C：お金をちゃんと返してくれるという信用があって，条件を守ることを信じられるから，このような仕組みができると思う。クレジットは信用という意味だから，信用が支えていると思う。

資料2　本校井手教諭の板書と子供たちの発言

　このように，社会科では，それらの実用性や機能性だけでなく，安全性について探究する子供の姿が見られた。この学習では従前の家庭科「消費生活」内容を社会科「販売と消費」の内容を複合化することもできている。このように対象を共有しつつもそれぞれの教科の見方・考え方を生かす姿をめざすものがリレーション学習である。

⑶フォーカス学習とは

　知識内容を精選し，各教科で重視する資質・能力育成に資する質の高い知を求める学びのことである。そのために，次のような手順で学習が進められる必要がある。

　例えば，数学科の１つの見方・考え方として「揃える」というものがある。第５学年　単元名「パターンブロックからみえる数と形（Ａ　数・量)」では，数を構成する要素に着目しながら，等しい分数の表し方や，異分母分数の加法及び減法の計算を見いだすことをねらいとした。具体的には，①単位分数の幾つ分に着目し，分数の計算の仕方を見いだすこと，②４種類のパターンブロック（下図）を基に，数や形の問題をつくり，他者と共に解決すること，③自分の思考過程を振り返り，新たな問いを見いだしながら，数と図形の関係に気付くことなどを内容とした。

　単元の導入段階では，**図５**のパターンブロックを初めて操作した子供たちは，「１/２と３/６が等しいようにパターンブロックの組み合わせを工夫すると等しい分数ができる」と気付いたり，４年生の学習と比較し，「分母が違う分数のたし算やひき算，さらにかけ算やわり算もできるのではないか」という問いを記述したりする姿が見られた。展開段階では，パターンブロックを使って組み合わせ，分数の加法と減法を式に表したり，問題づくりをする中で，単位分数という数を構成する要素に気付いたり姿が見られた。終末段階では，お互いにつくった問題を解き合うことで数と形を関係付ける姿も見られた。ここでは，分数においても数範囲を限定しつつ

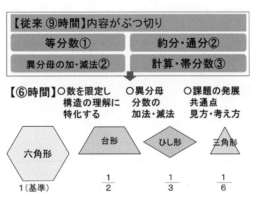

図５　本校西島教諭の数学科のフォーカス学習

パターンブロックを使い，異分母や帯分数も含めた四則計算を視覚化しながら探究する学習を行えた。この学習においては，通常時数より3時間程度軽減することもできた。

　以上のようにパターンブロックという教材により，4つの内容が数学科の「揃える」という方略によって関連・統合された。このように「創造性」を発揮するための教科の本質に迫る効果的な学びが展開されるという特徴をもつのがフォーカス学習である。この学習においても子供の探究を大切にしつつ，子供の自由度を大切にした学習を展開していくが，より教師の細かな指導や支援を発揮させ，はい回らせない工夫をすることが重要である。

6　実践を通して見えてきたこと

　本研究の目的は，コンピテンシー・ベイスを原理とした子供の文脈から編成した7教科において内容水準のスリム化を図るとともに，「テーマ」「リレーション」「フォーカス」の3つの学びを行うことで子供が豊かに学びつつ活動水準のスリム化を図ることで，カリキュラム・オーバーロードの解決をすることであった。

　現時点では，児童の自己評価，保護者評価，教師評価などで着実に成果が上がっているところである。しかし我々のようにカリキュラムのスリム化を提案すると，「ゆとり教育」への後戻りか，学力低下の再燃か，などと揶揄されることもある。しかし，現実ではそうでなかったことが，本校の今までの研究からは客観的にも明らかになった。

表2　研究開発前と研究開発 4 年次までの比較

	2014年度（研究開発前）N=85	2015年度（研究開発 1 年次）N=88	2016年度（研究開発 2 年次）N=82	2017年度（研究開発 3 年次）N=69	2018年度（研究開発 4 年次）N=74（2014年度との比較）
国語A	123.9	125.6	120.0	121.4	129.7（＋ 5.8）
国語B	132.9	128.3	136.2	130.2	136.8（＋ 3.9）
算数A	118.7	119.2	120.1	120.5	138.1（＋19.4）
算数B	140.4	153.5	146.7	153.6	162.4（＋22.0）

　表2は全国平均正答率を100として見たときの本校の標準化得点を示している。表から分かる通り現行学力の観点で見ても本校の子供たちの学力は維持されている

どころか，さらに向上している。このことから，内容や授業時数という量でなく，質を保障しカリキュラムをスリム化することは，子供の資質・能力向上に寄与するとともに，見える学力の向上にも資することを物語っていると言えるのではないだろうか。また，授業時数のスリム化についても，2020年度の本校教育課程表と新教育課程表を比較してみたい。

表3　現行と本校の教育課程表の比較

	各教科の授業時数									道徳	外国語活動・外国語科	総合的な学習の時間	特別活動	新教科								総授業時数
	国語	社会	算数	理科	生活	音楽	図工	家庭	体育					人間	社会	言葉	数学	科学	芸術	健康	チャレンジ	
第1学年	306	—	136	—	102	68	68	—	106	34	—	—	34	68	68	204	170	68	102	102	—	782 (-68)
第2学年	315	—	175	—	105	70	70	—	105	35	—	—	35	70	70	210	175	70	105	105	—	805 (-105)
第3学年	245	70	175	90	—	60	60	—	105	35	35	70	35	70	70	210	158	87	105	105	—	805 (-175)
第4学年	245	90	175	105	—	60	60	—	105	35	35	70	35	70	105	193	158	87	87	105	70	875 (-140)
第5学年	175	105	175	105	—	50	50	60	90	35	35	70	35	70	105	193	158	87	87	105	70	875 (-140)
第6学年	175	105	175	105	—	50	50	55	90	35	70	—	35	105	105	193	158	87	87	105	70	910 (-140)
計	1461	365	1011	405	207	358	358	115	597	209	210	280	209	453	523	1203	977	486	573	627	210	5052 (-733)

　3つのスリム化の方法に基づき，内容水準と活動水準で授業時数を削減した。現行教育課程と比べても**新教育課程比733時間の削減**を図ることができた。内容水準での授業時数の削減としては，標準的な教科書会社の算出した授業時数と比較すると，価値内容を精選した人間科77時間。SDGsなどの新規内容を入れつつも概念をまとめた社会科は62時間減っている。社会科との内容の統合を図った言葉科234時間，時計やそろばん等を削減した数学科は11時間，健康科は家庭科の内容を大きく削減し85時間減らした。新規の内容が増えた科学科や内容自体は変更していない芸術科を総合しても**計432時間削減**することができた。活動水準ではテーマ学習，リレーション学習，フォーカス学習の3つの学びで**計301時間削減**することができた。

　以上のことから，内容水準と活動水準ともに現時点においても授業時数を大胆にスリム化することができたといえる。

　しかしながら，未来社会を創造する子供たちが主体となるカリキュラムのスリム化には，一人一人の学びの差への対応や新たに導入すべき内容の検討など課題は山

72

積している。これらを克服し，より理想的なカリキュラム開発を行うために日々職員一丸となって本校に古くから伝わる「研究に没頭し授業で勝負せよ」を実践しているところである。

（主幹教諭　齋藤　淳）

[註・参考文献]

1　Sue Bastian,Julian Kitching,Ric Sims 著，大山智子訳，後藤健夫編『Theory of Knowledge セオリー・オブ・ナレッジ―世界が認めた「知の理論」―』ピアソン・ジャパン株式会社，2016年，pp.18-40.
2　Wendy Heydorn,Susan Jesudason 著，Z 会編集部編『TOK（知の理論）を解読する～教科を超えた知識の探究～』Z 会，2016年，pp.1-50.
3　田中俊也「概念獲得と概念変化」田中俊也・平木典子・稲垣佳世子・斉藤こずえ・高橋恵子・氏家達夫・湯川良三編『児童心理学の進歩』（Vol.47），2008年，金子書房．
4　松下佳代「資質・能力の形成とアクティブ・ラーニング―資質・能力の『3・3・1 モデル』の提案―」教育方法学会『教育方法45　アクティブ・ラーニングの教育方法学的検討』厚徳社，2016年，.pp.24-37
5　文部科学省『初等教育資料』2018年5月号，東洋館出版社，pp.96-105
6　河野麻沙美「リレー連載　教育のゆくえ　理論・実践・学習指導要領を架橋する」髙田教育研究会『教育創造』（187号），2018年，pp.38-44.
7　三神俊信「ブルーナーの教育論と構造（体）―思考過程の観点から―」明治大学政治経済学部『政經論叢』1983年，pp.309-366.
8　石井英真「第7章　授業の本質と教授学―教えることのアートをすべての教師のものに―」田中耕治編著『戦後日本教育方法論史（上）―カリキュラムと授業をめぐる理論的系譜―』2017年，pp.167-187.

comment

　福岡小は，カリキュラム・オーバーロードの解消を研究主題に掲げた我が国初の研究開発学校である。各教科等に高い専門性を持つ教師が集まる附属学校であるから，研究の初期には教科の内容や時数の削減をテーマにすること自体への反対や疑問の声も，学校の内外から少なからず上がったという。

　しかし，教科のために子どもがいるわけではない。まず子どもがいて，その成長のためにカリキュラムが編まれ，その中に必要に応じた規模と内容の教科等が存立しうるのではないか。むしろ内容を絞り込むことにより，豊かな活動や体験がしっかりと保障でき，子ども自身が納得いくまでの探究も可能となる。結果，学力はもちろん意欲も高まる。また，子どもとの関わりもゆとりのあるものとなり，教師としても充実した毎日が送れる。

　時数に現れるスリム化の程度は研究の進展状況を示す重要な指標ではあるが，それ自体が最終目標ではなく，より適正な教育内容で編成されたカリキュラムの下で，子どもの学びが質的に向上し，学校生活がさらに豊かになることこそが眼目である。「子供の文脈中心」という福岡小独特の表現は，このような洞察と不可分に結びついており，来訪者の誰しもが子どもと教師に感じる明るさや伸びやかさも，このことと深く関係しているに違いない。

　興味深いのは，教科等ごとのスリム化の状況である。子どもの文脈に即して検討を進めた結果，言語科では234時数のスリム化が可能となったのに対し，数学科は11時数に留まった。第8章の冒頭でも述べられている通り，すでに算数科は less is more を原理として編成されているのであろう。

　なお，独自に設定された7教科は，通常の学校ではそのまま実践することができないが，「統合化」「複合化」「焦点化」という考え方や，それらを授業づくりに適用したテーマ，リレーション，フォーカスの3つの学習は，どの学校でも取り組むことができる。これらにより301時数のスリム化が図れるという事実は，内容の消化に追われる多くの学校にとって朗報といえよう。

（奈須正裕）

「美意識」がよりよく育まれる
カリキュラムモデルの創出

筑波大学附属小学校

1 「美意識」が育つ授業づくり

　現在，本校では4年間の計画で「『美意識』を育てる」をテーマに学校研究を進めている。この研究の最終年度には，子どもの「美意識」がよりよく育まれるカリキュラムモデルの創出を見据えており，このことが，カリキュラム・オーバーロードの課題解決につながるものと考えている。

⑴音楽科「全音音階で…」の授業

　6年生の授業である。「全音音階」を題材にして，その音階のもつ独特な雰囲気を感じ取り，そのよさや面白さを知ることを学習内容とした。

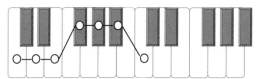 

(全音音階の隣り合う音と音との音程は,すべて「全音」の幅でできている)

　長調とか短調は，隣り合う構成音と構成音の幅が，鍵盤を一つ飛ばしにした「全音」と，一つ飛ばしにしないすぐ隣の音に進む「半音」との組み合わせでできている。言ってしまえば，聴きなれている長調の音階も，実はけっこう複雑な構造でできているのだ。それに比べて，「全音音階」は，隣り合う構成音同士がすべて「全音」，つまり鍵盤一つおきになっているという仕組みになっている（上の鍵盤図，楽譜参照）。実際に全音音階の音を下から順に鳴らしてみると一目瞭然，いや一聴瞭然なのだが，この音階の響きは，「雲の上を歩いている感じ」「宇宙遊泳をしている感

じ」「霧の中をさまよっている感じ」など，聴く人すべてに，ある一定のイメージを想起させる。作曲家で言えば，ドビュッシーなどがこの音階を好んで使ったとして有名である。

　授業者は，この全音音階の響きを聴かせたとたんに，子どもたちが前掲したような特定のイメージをもつことができ，ただならぬ関心を抱くと考えた。さらに，それはいったいどのような音階の構造になっているのか，ということ，つまり「知識」に関する欲求も高まることを予想していた。

　題材1時間目の授業の一コマである。授業者が，鉄琴を使って全音音階の構成音を下から順に演奏し，子どもに聴かせた場面の写真がある。

　2枚の写真に写る子どもの表情を見比べていただきたい。全音音階の響きを聴いた瞬間，下の写真のようになったのである。授業者の予想通り，全音音階へのただならぬ関心をもった瞬間をつくることに成功したのだ。

　このあと，子どもたちは，グループによる全音音階を使った音楽づくり，つくった作品の発表，最後にドビュッシーがつくった全音音階の音楽「帆」を鑑賞して学習を終えた（全5時間）。

　全音音階がどのような音構造になっているかについて知ることは，あらゆる音階全般の音構造に関心をもつことにつながる汎用性がある。また全音音階の特徴ある響きは生涯忘れることはないと考えられ，大人になってもいつかどこかで全音音階

の音楽に出合ったとき，「あ，これは全音音階でできているな」「小学校の時に習っ
たっけ……」と思い出すこともできるだろう。なかには，小学校で学んだことが
きっかけとなって，全音音階の音楽が好きになるかもしれない。子どもたちは，小
学校の授業で全音音階に関わる「美意識」を獲得したと言えるだろう。そしてその
子の「美意識」は，生涯にわたって音楽を愛好する心情と相まって豊かな人生を形
づくる一助となると期待されるのである。

　ここで紹介した全音音階の学習は，音楽科における「個別的で独自な知識の獲得
にかかわる学習」と言い換えることができる。

　各教科における「個別的で独自な知識」を明確にすることは，カリキュラム・
オーバーロードを解消する一つの方策であると考えられる。

⑵理科「電流がつくる磁力」の授業

　第5学年「電流がつくる磁力」を題材にして，磁力の強さを決定づける条件は何
かについて，問題を解決していくことを通して，科学的とはどういうことかを考え
る場面を設定した。

　子どもたちは，コイルの巻き数や電流の大きさなどでその強さが変わることを学
ぶ。本実践では，電磁石の強さが影響を与える要因について学習した後に，エナメ
ル線を規則的に巻くのか，不規則に巻くのかといったエナメル線の巻き方で，電磁
石の強さが変わるのかについて子どもたちが追究していった。なお，このようにエ
ナメル線の巻き方を変えても，巻き数等他の条件が同じであれば，その強さに有意
な変化は見られない。

　実際の授業では，子どもたちは問題
を明らかにし，巻き方が磁力に与える
影響について予想をした後，コイルの
巻き方によって電磁石の強さが変わる
のかを調べるための実験方法を考え
た。その際，子どもたちに変える条件
と変えない条件を確認したものの，実
験の詳細な手順，つまり，電磁石のど
こにクリップを付けるのか，また，ク

データをとる子ども

リップを付けるという操作を何回行うのか，そして，クリップの数に関するデータをどう取り扱うのかといった点については，あえて自由度をもたせた。この手立てをとることで，単に実験を通じて電磁石についてのより詳しい知識を獲得するだけでなく，子どもたちの実験における「正確さ」や「精度」に対する考えをはじめとした，「科学との向き合い方」を学ぶことができると考えたためである。

　実際の授業では，子どもたちの実験結果から，実験の試行回数やクリップの付け方などにおいて，グループごとで差異点が見られた一方で，いずれのグループにおいても，得られたデータが複数の場合は，それらの平均をとり，比較しやすいようにデータを処理する等の共通点も見られた。授業では，このような子どもの姿を取り上げ，より確かなデータを得るためにどのようなことに気を付ければよいかについて，振り返っていった。その結果，1回の操作で終わるのではなく，何度か操作を行い，データをたくさんとっていくことや，クリップの数だけでなく，方位磁針の動きで調べるなど，二通り以上の方法で調べることで，自分たちの予想したことを明らかにするための，より確かなデータに近づけられるといった，データの量や質に関する意見を得ることができた。

　本実践は，問題解決を通して得られる，「エナメル線の巻き方を変えても，電磁石の強さは変わらない」という知識を獲得するということよりも，実験と得られた結果を振り返ることを通して，科学的によりよいデータを得るためにどのようなことに気を付ければよいかを考えることが主たる目標であった。理科における「美意識」を考える際，単なる自然事象に感じる美しさを対象とするのではなく，わが国の理科の学習内容を支えている物理，化学，生物，地学の根底に存在する「科学との向き合い方」に目を向け，科学的に事象を捉えていけるようになることを重視したい。そのためには，本実践のように，より確かなデータのとり方をはじめとして，科学的とはどういうことかといった，科学観にも踏み込んだ授業展開が必要となるであろう。

　そして，このように教科の本質に立ち返り，新しい概念である「科学との向き合い方」を学ぶという視点から，改めてカリキュラムを捉え直し，学習内容を再整理しながらカリキュラム開発を行っていくことは，「カリキュラム・オーバーロード」を解消する一つの方略と考える。

⑶学校研究テーマ　「『美意識』を育てる」

　現在，４年間の計画で「『美意識』を育てる」をテーマに学校研究を進めている。前テーマ「『きめる』学び」，またその一つ前のテーマ「日本の初等教育 本当の問題点は何か」の研究成果を土台にした本研究である。

　テーマについて概要を説明する。

　まず，テーマ設定に先立って現在日本の初等教育が抱える問題，課題として以下の４つを掲げた。

① 　人生100年時代と言われている昨今である。長い人生を「幸せ」を感じながら生き抜く力が必要である。「幸せ」とは，もちろんその人なりの幸せである。自分の力で考え，自分なりの幸せを見つけられる，そのための力とはどのようなものか。そしてどのように育むことができるのか。

② 　私たちは，いま AI（人工知能）時代と言われている世界に生きている。そんな中，AI 開発にかかわる論文を世界中の研究者がこぞって執筆している。その引用数において，日本は2004年では世界第４位，しかし2019年では第９位と遅れをとっている状況である。独創性，創造性を育む教育は，今こそ急務と言えるが，それを初等教育でどのように実現させるのか。

③ 　新学習指導要領では「資質・能力（コンピテンシー）」をベースに各教科等の目標，内容を整理している。資質・能力をいかに育てるかということは重要であるが，その先，つまり身に付けた資質・能力をどのように発揮するのか，その方向性について意識することも同様に重要である。正解がない時代とも言われる。独りよがりではない，人々や自然が共に幸せに生きていくために資質・能力を発揮させなければならない。そのための教育はどうあるべきか。

④ 　時間割の過密が問題である。本校にあっては高学年で７時間目を実施する曜日が週に３日もある状況である（2019年度）。この一因はカリキュラムのオーバーロードにもあると考えられる。新学習指導要領では「深い学び」を謳っている。が，現在の状況では「浅く，広く」学ばせなければならない状況と言わざるを得ない。教科の本質に鑑みた学習内容をゼロベースから考え直すことも課題である。

以上の課題を解決するためのキーワードとして浮上したのが「美意識」という言

葉である。100年にも及ぶ長い人生をどのように主体的に生き抜くのか。自分の中に独自の「美意識」を育てることで，自分オリジナルの人生を，幸せを感じながら送ることができるのではないか。また，独創性というものは，いつもありきたりの考え方ばかりをしていては育たないだろう。その人の中にほかの人とは違ってもよい，自分は自分であるという「美意識」を育てていく必要があると言えるのではないか。また，身に付けた資質・能力を間違った方向に発揮することは，例えば犯罪の例にもみられることであるが，それを防ぐためには，人としての「美意識」の育ちが鍵になるのではないか。

　そして，カリキュラムのオーバーロードに関しては，各教科等で扱いたい学習内容を羅列するだけでは，量的に肥大化するばかりである。言い方を変えれば「美しくない」。各教科等の本質を今一度捉え直し，全体として美しく収まるようなものにする必要がある。それは，とりもなおさず子どもたちが心や時間に余裕をもって学びを深めることを意図している。本校の研究同人がそれぞれの専門教科の論理を超え，「美意識」を併せもった全体として「美しい」カリキュラムとなるよう，その作成に当たることが肝要である。

　本研究テーマ「『美意識』を育てる」とは，以上のような理由によって生まれたものである。

2　「カリキュラム・オーバーロード」解決のための方策

　本校におけるカリキュラム・オーバーロード解決への取組みは，学校研究「『美意識』を育てる」の一環として取り組まれ，また令和2年度より4年間の計画で，文部科学省の研究開発学校の指定を受けている。

　カリキュラム・オーバーロードの解決にあたっては，以下のような方策を検討している。

①各教科等の編成原理を問い直すこと

　例えば，算数科は，今次の学習指導要領改訂で，領域の構成の見直しが行われた。従前はなかった「データの活用」が，そして第4学年から「変化と関係」が新しく設けられた。本校研究においても，すべての教科等で，何を教えるのか，何を教え

ないのか，領域の構成や系統性はどうかなど，その教科を形づくる編成原理を問い直すこととする。

②各教科等の本質をなす主要な概念の抽出

上の①において各教科等の編成原理が明確になると，その教科等の本質をなす主要な概念が抽出される。「主要な概念」とは，その教科等における学習の方法論，例えば算数科では帰納と演繹の方法を使って問題解決にあたるなどの学び方が挙げられる。また，その教科等独自の中核を成す概念，例えば音楽科では，音や音楽を鳴らしたり（演奏したり），つくったり，聴いたりするという実際の音楽活動が核となり，そこから知識を得，思考を巡らすという学び方が中核概念となるだろう。このように，各教科等の主要な概念を抽出することが本研究の内容の一つとなる。

③各教科等において必要十分な個別的な知識の明確化

上の①②が明らかになると，各教科等における個別的な知識とは何かが明らかになるだろう。その教科で学ぶべき内容について，いま存在しているものが本当に必要なものか，あるいは十分なものか，問い直しを行う。小学校6年間で，どのような知識を獲得させることで，その教科等の本質的な学びとなるのかを整理する。

④教育課程全体における指導内容の構造化

上の③が明らかになると，各学年への指導内容の配列作業に入る。それが「指導内容の構造化」である。その教科等において，第1学年で何を学ぶのか。第2学年では，……第6学年では，というマトリックスが生まれるのはこの段階であろう。そして，ここでつくられる指導内容の構造は，中学校へどのような道筋でどうつながるのか，という見通しをもったものであることが求められるだろう。このことも視野に入れた研究を行う所存である。

⑤授業の一単位時間の短縮

現在の45分を一単位とした授業時間の短縮を試みて，その成果と課題を明らかにする。実際に40分授業を行い，指導内容がしっかりと児童に定着するか検証を行う。時間の短縮は，カリキュラム・オーバーロードの課題を物理的な面から解決することにつながると考える。

3　国語科における「読みの系統指導」作成例

　本校国語科教育研究部では，すでに『筑波発 読みの系統指導で読む力を育てる7系列の読む力』（東洋館出版社，2016年）を著し，国語科の指導内容を7つの系列に整理している。

　前項で示したカリキュラム・オーバーロードの課題解決に向けた5つの方策のうち，前記②〜④に相当するものと思われる。以下に，その一部を紹介する。

　国語科のこの取組みは，今後，他教科等の研究のパイロット的な役割を果たすと考えられる。

　本校国語科教育研究部では，平成25年に「この国の教師たちが国語授業に関してどのような問題意識をもっているか」の調査を行った。対象は，全国の小学校教師約1200名であり，自由記述方式で行った。質問項目は次の通りである。

　「あなたが国語の授業をするうえで，一番困っていることは何ですか？　一番困っていることとその理由や具体を書いてください」

　回答を「指導内容」「指導方法」「話し合い活動の展開」「その他」にカテゴライズした結果，次のことが明らかになった。

　国語授業に関する教師の問題意識は，指導内容では11％，指導方法では63％，話し合い活動では7％，その他は6％，（未回答は13％）と整理される。

　しかし，本校国語科教育研究部の教員は，この結果自体にも問題があるのではないかと主張した。指導方法以前に，「国語の授業で何を学ばせるのか」という「学習内容」自体をもっと明確にしなくてはならない。その上での指導方法であるという主張だ。

　つまり，小学校における国語授業の問題は，「指導内容を整理した上で，指導方法を明らかにすること」で解決できると考えたのだ。

　本校国語科教育研究部には，5名の教員がいるが，それぞれが提案する「指導内容」を，筑波独自の「読みの系統指導表」として整理した。表の作成においては，本校国語科教員のこれまでの先行研究と実践経験にその根拠を置いた。

　特徴的なのは，文学と説明文について，7つの「読みの系列」をつくり，それぞれの系列について，「読みの技能」「読みの用語」を位置付けた点にある。文学と説

明文，それぞれの７つの「読みの系列」は以下の表のとおりである。

	文学	説明文
①	「作品の構造」系列の読む力	「文章の構成」系列の読む力
②	「視点」系列の読む力	「要点・要約」系列の読む力
③	「人物」系列の読む力	「要旨」系列の読む力
④	「主題」系列の読む力	「批評」系列の読む力
⑤	「文学の表現技法」系列の読む力	「説明文の表現技法」系列の読む力
⑥	「文種」系列の読む力	「文種」系列の読む力
⑦	「活動用語」系列の読む力	「活動用語」系列の読む力

　上に挙げたそれぞれの系列について，さらに「読みの技能」「読みの用語」を設定している。

　例えば，文学の②「『視点』系列の読む力」では，次のような「読みの技能」「読みの用語【カッコ内】」を設定している。

1年：語り手の言葉をとらえて読む　　　　　　　　　　　　　【語り手，地の文】
1年：語り手の位置を考えながら読む　　　　　　　　　　　　　【語り手の位置】
3年：立場による見え方や感じ方の違いをとらえて読む　　　　【立場による違い】
4年：視点をとらえて読む　　　　　　　　　　　　【視点，視点人物，対象人物】
6年：一人称視点と三人称視点の効果を考えながら読む

【一人称視点，三人称視点「限定視点，客観視点，全知視点」】

　説明文の②「『要点・要約』系列の読む力」は，次の「読みの技能」と「読みの用語」を設定している。

1年：文と段落を区別して読む　　　　　　　　　　　　　　　　　【文，段落】
2年：主語と述語を考えながら読む　　　　　　　　　　　　　　【主語，述語】
3年：キーワードや中心文をとらえながら読む　　　　　　【中心文，キーワード】
3年：段落の要点をまとめながら読む　　　　【要点，修飾語，常体，敬体，体言止め】
3年：大事なことを要約しながら読む　　　　　【筆者の立場での要約，要約文】
4年：目的や必要に応じて，要約しながら読む　　　　　　【読者の立場での要約】

　次に，上記の系統表をもとに「読みの系統指導カリキュラム」を作成，それを活用して実践を行い，カリキュラムの妥当性を探った。このカリキュラムの特徴は，下のような指導のステップを想定していることだ。

◆ステップ0……下学年の教材で「プレ学習」をする。
◆ステップ1……該当学年の「読みの基礎」を図る。
◆ステップ2……該当学年の「読みの充実」を図る。
◆ステップ3……該当学年の「読みの発展」を図る。

　例えば，4年生文学の系統指導カリキュラムでは，おおまかには，次のように教材と「読みの技能」を配列している。（カッコ内は「読みの系列」）
◆ステップ0（プレ学習）
「お手紙」（光村図書，教育出版）＊1，2年生用の教材
○作品の設定に気づけて読む（作品構造）
○中心人物の心情の変化を捉えて読む（人物）
○会話文と地の文を区別しながら読む（表現技法）
◆ステップ1（読みの基礎）
「走れ」（東京書籍）
○物語の仕組みを捉えて読む（表現技法）
○中心人物の人物像をふまえて，その心情の変化を読む（人物）
◆ステップ2－1（読みの充実）
「一つの花」（光村図書）
○場面と場面を比べて読む（作品の構造）
○中心人物の人物像をふまえて，その心情の変化を捉えて読む（人物）
○記号（－の効果）を考えながら読む（表現技法）
◆ステップ2－2（読みの充実）
「木竜うるし」（教育出版，東京書籍）
○脚本を音読する（活動用語）
◆ステップ3（読みの発展）
「ごんぎつね」（全社）
○視点を捉えて読む（視点）

○中心人物の人物像をふまえて，その心情の変化を捉えて読む（人物）
○情景描写を捉えながら読む（表現技法）
○学習したことを発展させてほかの本を読む（活動用語）

　以上のように，国語科では，本校がいま取り組もうとしているカリキュラム・オーバーロードの課題解決の，その方策として挙げている②各教科等の本質をなす主要な概念の抽出，③各教科等において必要十分な個別的な知識の明確化，④教育課程全体における指導内容の構造化については，すでに研究が進んでいるのである。この取り組みは，他教科の研究を進める際の道標になるものとして非常に価値あるものとして考えられる。

comment

　筑波附小が研究開発学校としてカリキュラム・オーバーロードの解消という課題に取り組み始めたのは, 2020年4月である。コロナ禍による一斉休業の影響もあり, 研究はようやく本格化しつつあるという段階ではあるが, 美意識というユニークにして魅力的な切り口, 五つの方策からなる抜本的にして堅実なロードマップ, 先んじて完成度の高い成果を挙げている国語科教育研究部の取組みなど, まさに真打ち登場という風格を感じさせてくれるものとなっている。

　「読みの系統指導」については, すでに全国の心ある教師によって様々に実践化が進められており, 大いにスリム化された指導計画により高い学力の保障が可能となることが知られている。このイメージを基に, 各教科等に高度な専門性を有するスタッフが取り組むことにより, それぞれの教科等でどのような指導内容の構造化が図られるのか, 今から非常に楽しみである。

　しかも, そこでは各教科等を単なる客観的実在としてとらえるのではなく, 子どもたち一人一人が自分の中に独自の「美意識」を育てることで, 100年にも及ぶ長い人生を幸せを感じながら生きていけるようなものとなることをめざす。「本校の研究同人がそれぞれの専門教科の論理を超え,『美意識』を伴せ持って全体としての『美しい』カリキュラムとなるよう, その作成に当たることが肝要である」という一文に, 今回の研究に望む覚悟が端的に表現されている。「それぞれの専門教科の論理を超え」とあるが, もちろん専門教科の論理をしっかりと踏まえた上で, 超えていくのであろう。それが果たしてどのようなものとなるのか。さらに, どのような授業実践を導き, 子どもたちの「美意識」の育みにどのように機能するのか。

　思えば現在のカリキュラムは, 戦後70年以上の歴史を経て, 今日の姿を体現している。もちろん, その時々に必要な見直しや修正が施されてはきたが, 果たして十分だったのか。一度すべての垢を洗い落とし,「美しい」カリキュラムへとメタモルフォーゼすべき時季が到来しているのかもしれない。

（奈須正裕）

「学びの自覚化」とカリキュラムの圧縮の可能性

創出と受容，転移をコアにした教科融合カリキュラムの開発
〜「創る科」の創設を通して〜

山口大学教育学部附属山口小学校

1　本校の研究概要

　変化を予測することが困難なこれからの社会を子どもたちがたくましく生き抜いていくために，学校教育において，子どもたちの資質・能力を育成することが求められている。また，そのために必要な主体的・対話的で深い学びの実現のために，Less is More（より少ない学習内容でより豊かに学ぶこと）の考えをカリキュラムや授業づくりに取り入れることが重要視されている。この課題に対して，本校は「学びの自覚化」をキーワードとして研究に取り組んでいる。研究主題は，「創出と受容，転移をコアにした教科融合カリキュラムの開発〜『創る科』の創設を通して〜」である（研究の全体像は**図1**）。

　本研究は，子どもが学びの中で無自覚であった価値（汎用性のあるスキル）や各教科等の本質（見方・考え方）を自覚し，他の場面や文脈においても活用できるのかを考えたり実践したりすることで，これらを自在に使いこなすことができるようにすることをねらっている。

このことにより，学びの質が向上するとともに，学びが無理なく加速し，子どもたちに十分に豊かな学びを提供しながら時数を削減することができるようになると考えている。

　しかし，子どもたちにとって，個々の授業では具体的な

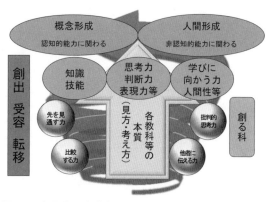

図1　本研究の全体像

文脈の中に埋め込まれている学びの価値を，汎用的なものとして自覚し，自在に使いこなすことは容易ではない。子どもが学んだ内容を問題解決に活用するようになるためには，授業の明示性を高めていく必要がある。

　そこで，学習において，「創出と受容，転移」の過程を位置付けることとした。そうすることで，価値や各教科等の本質（見方・考え方）を明示化，共有化しながら授業を実践し，学びの質を向上させることができると考えるからである。本校が考える「創出と受容，転移」とは以下の通りである。

「創出」…無自覚ではあるが，価値を生み出したり，示された価値について考えたりする過程

「受容」…無自覚であった価値や本質を自覚的に捉えていく過程

「転移」…受容した価値や本質をほかの文脈や場面においても活用できるのかを考えたり実践していったりする過程

　また，この度，新たに「創る科」という教科を創設し，カリキュラムに位置付けることとした。「創る科」は，本校が定めた「概念形成（認知的能力に関わる資質・能力）」及び「人間形成（非認知的能力に関わる資質・能力）」を育む価値を直接的に扱う学習である。扱う価値として，「比較する力」や「他者に伝える力」といった，汎用性が高い8の力を以下のように設定した。子どもたちの無自覚であった価値の自覚化を促し，各教科等の学びの中で自在に使いこなせるようになることをねらっている。

・比較する力	・他者に伝える力	・具体化・抽象化する力
・先を見通す力	・情報を収集・処理する力	・批判的思考力
・関連付ける力	・問題を見出す力	

　さらに，各教科等では，算数科では「そろえる」という見方，家庭科では「持続可能な社会の構築の視点から物事を捉え考察する」という見方・考え方など，各教科等の本質（見方・考え方）を明確にする。そして，これらの各教科等の本質（見方・考え方）や創る科で扱う価値をもとにして単元や題材をつなげながら，カリキュラム開発及び授業実践を行うことで，Less is More の実現を図る。

（重枝孝明）

2 授業実践例

(1)創る科「具体化・抽象化する力」(6年生実践)

①カリキュラム圧縮の可能性

　6年生にもなると，子どもたちは日常生活の中で，無意識に具体化・抽象化を行っている。自分の考えを相手に伝えたいときや整理したいときに，「例えば〜」や「要するに〜」という言葉をよく口にする。しかし，その行為が具体化・抽象化であることには気付いていない。つまり，子どもたちは，具体化・抽象化を何気なく行い，その価値を自覚化していないのだ。これではもったいない。具体化・抽象化は各教科等の学びにおいても汎用的に使っている考え方である。そこで具体化・抽象化についての価値を自覚的に捉え，具体化・抽象化する方法についても考えていくことで，各教科等の様々な場面で活用できる力になっていくのではないだろうか。自分の考えを具体化して説明すると，他者の理解が得やすくなる。また，抽象化して物事を捉えると，全体が整理されたり，大切なことが焦点化されたりして理解が深まる。つまり，具体化・抽象化の考え方を使いこなすことで，各教科等の学びが加速するとともに，より豊かになり，カリキュラム全体を見たときに，時数の削減が期待できる。

②本実践における創出と受容，転移

　本実践では，初めに具体化と抽象化の意味を捉え，その後，実際に具体化・抽象化する活動を行う。子どもは，**ことわざの意味を他者に分かりやすく伝えるために具体化したり，2つの言葉を抽象化したり（創出）**していく。その際，具体化・抽象化した過程を振り返るようにしたい。そうすることで，**具体化・抽象化するよさに気付き，その方法を自覚的に捉えていく（受容）**。そして，**各教科等の学びの中で活用できる（転移）**ようになると考える。

③授業の実際

　第一次では，子どもたちに具体化・抽象化する力のイメージを尋ねた。具体化する力についてはイメージしやすいようであったが，抽象化する力についてはよく分

からない様子であった。そこで，「ご飯」
「パン」「みそ汁」「スープ」「お茶」「スクラ
ンブルエッグ」と書かれた6枚のカードを
出し，2つのグループに分けるよう促し
た。子どもたちは，「飲み物」と「食べ物」
という視点で分けたり，図2のように「和
食」と「洋食」という視点で分けたりした。
以下は，「和食」と「洋食」という視点が表
出された際のやり取りである。

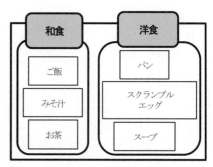

図2 「和食」と「洋食」を視点にした
グループ分け

A児：お茶の種類って何ですか？
教師：どういうこと？
A児：例えば，ウーロン茶，麦茶，紅茶のような。
教師：なぜそんなことが知りたいの？
A児：だって，紅茶だったら和食ではなくて洋食だし，ウーロン茶だったら中華になる。

　このように，子どもは，無自覚にお茶を具体化していった。本時の活動では，視
点を決めてグループに分けることが抽象化，お茶の種類を挙げることが具体化だと
いうことを子どもたちと確認した。
　第二次では，ことわざを具体化する活動を行った。「灯台もと暗し」の辞書に書か
れた意味を示し，「これでは伝わらないときがあるから，具体化して伝えてみよう」
と指示した。「マスクがないと思ったらあごにつけていた」「自転車の鍵がないと
思ったら，自転車にささったままだった」などと子どもたちは具体化していった。
以下は子どもたちとのやり取りである。

教師：この具体化した内容だと相手に伝わりそう？
B児：逆に伝わりにくくなっているかも……。
C児：自分で体験したことなら『確かに！』ってなるけど……。
D児：1年生だったら知らないこともあるよ。
E児：5年生だったらこっちの方が分かりやすいけど……。

　子どもたちは経験から語り，相手によって言葉を選ぼうとしている。これは，具
体化の方法について自覚的に捉えている姿（受容）ではないだろうか。授業の最後

に「具体化するときに大切なことは何？」と尋ねてみた。以下は，子どもがノート
に書いた内容である。

> 具体化するときに大切なことは，話している相手に合わせて言葉を変えたり，例えるも
> のを変えたりして分かりやすく説明することだ。

　第三次では，2つの言葉を抽象化していく活動を行った。はじめに，「寿司」と
「ラーメン」という言葉を抽象化してみるように指示した。子どもたちは「炭水化
物」や「醤油」などという言葉で次々と抽象化していった。どのように抽象化した
のかを尋ねてみた。

> F児：寿司とラーメンの共通点を見つける。
> G児：いきなり共通点を見つけるのは難しいから，「寿司と言ったら……」でいろいろ出
> 　　　して，ラーメンに当てはまるものを見つけた。
> H児：そうそう！　具体化してつなげる感じ。

　子どもたちなりに抽象化の方法を自覚
的に捉えていた（受容）。この方法を生か
し，「カレー」と「算数」という言葉を抽
象化してみた。**図3**のような図をノート
に書いている子どもがいた。算数という
言葉を具体化した後，具体化した言葉の
中から，カレーにつながる言葉を探して
いた。上記の抽象化する方法を使ってい
たのだ。授業の最後に「抽象化するとき
に大切なことは何？」と尋ねてみた。以

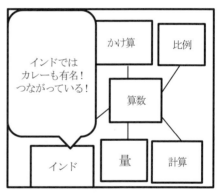

図3　具体化した後，抽象化する

下は子どもたちがノートに書いた内容である。

> ○その物がどんなことなのかと一度具体化すると，まとめて抽象化しやすくなる。
> ○抽象化するには，具体的な例や理由を挙げ，それらの共通点を言葉でまとめること
> 　が大切。

　単元終了後，各教科等の学びの中で子どもたちは具体化・抽象化の考えを活用し

ていた。社会科で平安時代の特徴を捉える際，初めに，当時の暮らしや文化について具体的事象を挙げた。その後，それらの事象の共通点を考えて分類し，さらには，平安時代がどのような時代なのかを一言でまとめる姿が見られた。第三次で学んだ抽象化の方法を活用し，自覚化することができたのだ。さらに，子どもは「これは抽象化だね」と自分たちの行為を自覚化した。このように，子どもたちが具体化・抽象化の考え方を使いこなすことで，各教科等の学びが加速するとともに，より豊かになると考える。そして，カリキュラム全体を見たときに，時数の削減が期待できるのではないだろうか。

（木村将士）

(2)国語科「題名と問いの文の役割を考えよう
『うみのかくれんぼ』（光村図書1年上）」（1年生実践）

①カリキュラム圧縮の可能性

　国語科で大切にしたい見方の一つに，言葉や文の「役割」がある。例えば，題名には読者の興味を引く，問いの文には話題を提示する，というものである。こうした役割という見方を自覚的に捉えることで，「読むこと（説明文）」と「書くこと」の指導において，以下のようなカリキュラムの圧縮が期待できる。

　まず，活用型の説明文のカリキュラムである。段落や構成，文章の内容などを形式的に確認する学習では，学んだことが明確にならず，活用につながらない。しかし，言葉や文の役割を学習内容として明確に位置付けることで，学んだ役割を活用して読むという説明文のカリキュラム編成ができ，授業時数の削減につながると考える。例えば，「うみのかくれんぼ」の次の説明文単元では，題名と問いの文から話題を捉えて読むことで，それらの役割を明確に学んでいない場合に比べて，内容を読み取る時間を短縮できるのではないだろうか。

　次に，「書くこと」の領域を再構成したカリキュラムである。言葉や文の役割を説明文の学習内容として位置付けることで，「書くこと」における学習内容と重複する部分の整理・統合につながると考える。例えば，「書くこと」で題名についての学習があるが，説明文で題名の役割を学んでいれば，文章を書く際に題名について再度学ばなくても，役割を意識し，効果的な題名を考えることができるのではないだろうか。

②本単元における創出と受容，転移

　①で述べた見方の創出と受容，転移のために次のような支援を行う。初発の感想を交流した後，文章のどの部分から話題をつかむことができるのかと問う。そうすることで，**題名や問いの文の役割に目を向ける（創出）**ことができるようにする。また，題名を一部変えたものや問いの文を抜いた本文と，原文とを比較するよう促す。そうすることで，**題名や問いの文の役割を理解できる（受容）**ようにする。そして，題名や問いの文の役割を使える場面があるかと問う。そうすることで，**日常の読書や文章を書く場面で題名や問いの文の役割を活用しようとする（転移）**ことができるようにする。

③授業の実際

　第一次第1時では，「うみのかくれんぼ」において単元を通して追究する問いを考えていった。まず，初発の感想を交流すると「たこが体の色を変えていてすごい」や「もくずしょいが海藻で変身して驚いた」などが聞かれた。そこで，「この文章は海の生き物の特徴を教えてくれているんだよね？」とゆさぶると「いや，かくれ方だよ」と答えたので，「それはどこから分かるの？」と問うた。すると，「題名だよ」「問いの文。だって，『かくれているのでしょうか』って書いてある」など，題名や問いの文の役割に目を向ける（創出）ことができた。だが，納得のいかない子どもも半数程度いたので，「題名や問いの文を読めば，この文章は『かくれ方』を教えてくれていると分かるのだろうか」という問いを全体で共有した。

　第二次第1時では，「題名からかくれ方について教えてくれることが分かるのか」について話し合った。「『海の』だから海の話って分かる」「『かくれんぼ』だからかくれ方かなって分かる」など，題名の言葉から分かる文章の話題を考えていた。「本当に分かる？」と尋ねると，「なんとなく分かる」と答えた子どもが多かったが，「ヒントにはなる」という発言に納得しており，題名が話題を捉えるヒントとなることを理解していた（受容）。また，「でも，かくれ方なら『うみのいきもののかくれ方』の方がいいんじゃない？」とゆさぶると，「それだとわくわくしない。『うみのかくれんぼ』という題名の方が気になる」など，一部を変えた題名と元の題名とを比較することで，読者の興味を引く，という題名の役割にも気付く（受容）ことができた。

　第二次第2時には，「問いの文からかくれ方について教えてくれていることが分

かるのか」について話し合った。「『でしょうか』だから，聞かれている感じがする」「聞かれたら，海の生き物がどうやってかくれるのかなって思う」など，言葉から問いの文の役割を考える姿が見られた。また，「もし問いがなかったら分からない」という発言を受けて，問いを抜いた文章を配付した。すると，「何について教えてくれるのか分かりにくい」「問いがあると，教えてくれることが分かる」など，問いを抜いた本文と原文とを比較して，問いの文の役割を考えていた。最後に，問いの文の役割を問うと，「この文章で教えてくれることを読者に伝えること」という役割を理解する（受容）ことができた。

　しかし，すべての子どもが，題名や問いの文の役割を理解できているわけではなかったので，第二次第3時には，それらの役割を意識して『たべられるしょくぶつ』（森谷憲：文，寺島龍一：絵，福音館書店，1969年）を読む活動を取り入れた。すると，「題名や問いの文から野菜の種がどのように大きくなるかについて教えてくれると分かる」「そのあとを読むと本当にそのことが書いてあった」などの発言があり，題名や問いの文の役割について理解を深めることができた。

　第三次第1時には，題名や問いの文の役割を理解するよさを確認するために「役割が分かると何がいいの？」と問うた。すると，「話の内容がよく分かる」「いろいろな文章を読むときに使える」などの発言があり，題名や問いの文の役割が他の文章を読む際にも役立つことを理解していた。そこで，「題名や問いの文の役割を使えるときは他にもあるかな？」と問うと，「読書のとき」「絵日記の題名を考えるときに気を付けたい」など，題名や問いの文の役割を他の場面に活用しよう（転移）とする発言が見られた。

　この授業の後の休み時間に，ある子どもが「このあいだの絵日記で，題名を『花火』にしていたけど『空にかがやく花火』にするといいと思った。だって，そっちの方が読む人がわくわくするもん」と話していた。早速，題名の役割を他の場面に転移させていた。

　このように，言葉や文の役割を学習内容として明確に位置付けた授業を仕組むことで，言葉や文の役割という見方を自覚的に捉え，活用する姿につなげることができた。そして，こうした言葉や文の役割という見方を捉えることが，活用型の説明文のカリキュラムや「書くこと」の領域を再構成したカリキュラムの編成，カリキュラムの圧縮の実現につながると考える。

（五十部大暁）

⑶算数科「9マスパズル」（2年生実践）

①カリキュラム圧縮の可能性

　平成29年告示の学習指導要領の算数において，これまで量と測定領域であった図形の計量についての内容が図形領域に位置付けられることとなった。これは，「図形の特徴を計量的に捉えて考察する」という視点から位置付け直されたからである。つまり，図形領域では，図形の構成要素や性質といった特徴に着目し，求積の過程を創造していくことが求められるようになったと言えよう。しかし，図形領域のカリキュラムを上学年から下学年へと見ていくと，子どもの姿と指導につながりを感じにくい。例えば，5年生「三角形，平行四辺形，ひし形，台形の求積」の際に，期待する子どもの姿はどのような姿であろうか。三角形を四角形の半分と見たり，平行四辺形を長方形に等積変形したりする姿であろう。しかし，実際の授業で，そのような姿が自然に表れることはほとんどない。そこで，下学年の段階から，図形の見方を豊かにしたり，等積変形等のアイデアに触れたりする活動に十分に取り組むことで，上に挙げた5年生の学習や4年生「複合図形の求積」や6年生「円の求積」の学習の際に，子どもが図形の特徴に着目し，自然と図形に働きかけ，求積の過程を創造していくと考える。

　以上のように，下学年の発達段階で，図形の概念を形成するだけでなく，求積の過程につながる素地的な体験活動に十分に取り組ませることが，上学年の図形の学習，特に，平面図形の求積の学習に生きてくるのではないだろうか。その先に，学習内容や授業時数の多い小学校上学年において，学習の促進や授業時数の削減につながること，すなわち，カリキュラムの圧縮の可能性が見えてくる。

②本実践における創出と受容，転移

　本実践では，「9マスパズル」（内容は後述）というパズル遊びを行う。下学年を対象として，教材を開発した。「移動する，変形する」といった行為を通して，「まとまりで捉える，向きを変える」といった見方の獲得が期待できる。これらの見方は，前述の通り，算数科の図形領域の学習，特に上学年における図形の求積の際に，生きてくるであろう。しかし，単に「9マスパズル」に取り組むだけでは不十分である。子どもたちは，**活動の中で無自覚に操作したり，価値ある言葉を発したり（創**

出）している。これらの**操作や言葉に立ち止まり**，解釈や再現を促すことで，「**まとまりで捉える，向きを変える**」といった見方を自覚的に捉え（受容）られるようにする。また，**創出・受容した見方を他の場面で活用する（転移）**ことができるよう「三角パズル」といった別のパズル遊びの場面を設定する。

③授業の実際

　本実践で行った「9マスパズル」とは，同じ大きさの正方形9枚を並び替えるパズル遊びで，9枚の正方形の色板で作った様々な形を縦3枚×横3枚の整った形（**図4**）に戻したり，そこから教師が提示した形にしたりする活動である。

　2年生の子どもたちと「9マスパズル」の遊び方を確認した後，**図5**のような形を元の形（**図4**）に戻すよう促した。子どもたちは，1マスずつ移動させたり，2マスや3マスと，まとまりで移動させたりと，試行錯誤しながら元の形に戻そうとしていた。この段階で，「まとまりで捉える，向きを変える」といった見方は，多くの子どもの中で無自覚な状態であったと考えられる。

　そこで，この見方を自覚的に捉えられるよう，パズルをできるだけ少ない回数で元の形に戻すよう促した。子どもとのやりとりを以下に示す。

図4　9マスパズル（元の形）

図5　9マスパズル（問題）

教師：「9マスパズル」をできるだけ少ない回数の移動で元に戻せるかな？
A児：元に戻すためには，3回移動したよ。
B児：ぼくも3回だったよ。でも，マスの動かし方は違うな。
C児：わたしは，2回で戻せたよ。
D児：AくんとCさんでは，動かすマスの数が違ったよ。
B児：あっ，本当だ。Aくんは，1枚ずつバラバラに動かしているけれど，Cさんは，2枚を一気に動かしているね。

　このように，パズルをできるだけ少ない回数で移動するよう促したことで，子どもたちは，動かすマスの数を複数枚にするなど，工夫をしていった。つまり，「まとまりで捉える」見方を創出していったのである。しかし，まとまりで捉えようと試みても，「パズルのどこのマスをまとめて移動させたらよいのか」や「マスをまとめてみたもののどこへ移動させればよいのか」といった問いをもつ子どももいた。そこで，2回で元に戻すことのできた子どもに，パズルのどこをまとまりで捉えたのかを投げかけた。子どもとのやりとりである。

> 教師：2回で元に戻せた人は，パズルのどこを動かしたのかな？
> C児：寝ていたのを起こしたよ。
> 教師：え，「寝ていたのを起こす」ってどういうこと？
> 全体：こうやって（回転の動きを手振りで表現）。
> E児：「ぐるん」ってするんだよ。

　このように，「向きを変える」見方を創出していったのである。続けて，創出した「まとまりで捉える，向きを変える」といった見方を自覚化できるよう，活動時間を確保したり，パズルの操作を区切って続きを考えるよう促したりした。また，授業の終末には，「どうすれば，少ない回数でパズルを元に戻せたのかな？」と解決の過程を振り返るよう促したことで，「一度にたくさんのマスをまとめて動かす」や「起こしたり，回したりする」と子どもの言葉で明示化していくことができた。つまり，「まとまりで捉える，向きを変える」といった見方を受容していったのである。

　最後に転移の場面である。パズルの形を三角形に変えた「三角パズル」を行う場面を設定した。「三角パズル」では**図6**のように，9枚の正三角形の色板を敷き詰めた台形を大きい正三角形に戻すよう促した。子どもたちは，複数枚の正三角形の色板を動かしたり，回したりしながら2回で元に戻すことができた。つまり，創出した価値を受容し，転移していったと考える。

　学習後に長方形と台形の二つの図形を提示し，図形の広さを比べるよう促した。**図7**は，ある女の子のプリントである。学習内容としては，5年生の面積であるが，2年生の子どもでも見事に台形を長方形に等積変形し，広さが同じことを説明

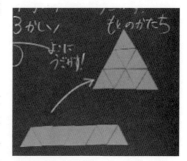

図6　三角パズル

している。上学年での学びを見据え，下学年の時期に素地的な体験を仕組むことが，豊かに学び，時数を削減していくこと，ひいては，カリキュラムの圧縮や削減につながるのではないだろうか。

（岡本貴裕）

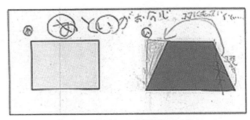

図7 2年生の子どもの学習後のプリント

⑷理科「考え方『条件を制御する』」（4・5年生実践）

①カリキュラム圧縮の可能性

　平成29年度版小学校学習指導要領解説理科編において，「条件を制御する」は，主に5年生で扱う考え方として位置付けられている。しかし，3・4年生の発達段階においても，比較をする場面や実験方法を検討する場面で，無自覚に条件制御の必要性に気付く子どもたちの姿を見取ることができる。そこで，教師が教材を工夫したり，言語化を通して明示化を図ったりすることで，子どもたちは無自覚に働かせていた「条件を制御する」という考え方を自覚することができたのである。このように早期の段階で，この考え方を自覚的に捉えさせることで，「振り子の運動」をはじめとする5年生以降の学習において，目的に応じて柔軟に実験方法を考えられるようになる。このことにより，実験方法の検討時間を短縮することが可能となり，ひいては授業時数削減の可能性が見えてくる。本稿では，4年生「雨水の行方と地面の様子」，5年生「振り子の運動」の実践について述べていく。

②本実践における創出と受容，転移

　本実践で創出と受容，転移する理科の考え方は「条件を制御する」である。4年生「雨水の行方と地面の様子」では，水たまりができやすい場所の土と，水たまりができにくい場所の土の，水のしみこみ具合を比較する実験道具を提示する。その際，意図的に土の量を変えたものを提示することで，子どもたちに**条件をそろえないと比較できない（創出）**ことに気付かせるようにする。さらに，比較できない理由を問い，言語化するよう促すことで，**「条件を制御する」という考え方を自覚的に捉え（受容）**られるようにする。5年生の最初の単元「振り子の運動」では，4年

98

生「雨水の行方と地面の様子」で学んだ考え方を想起させた上で実験方法の検討を
するよう促すことで，**創出，受容した「条件を制御する」という考え方を活用（転
移）**しながら実験方法を考えていくことができるようにする。

③授業の実際

ア　４年生「雨水の行方と地面の様子」

降雨後の運動場の写真を提示すると，子どもたちは「雨の後はブランコの下に水
がたまって使えなくなる」「雨が降った後でも運動場の真ん中には水たまりができ
にくい」という生活経験を語った。そこから「なぜブランコの下には水がたまり，
運動場の真ん中には水がたまらないのか？」という問いが生まれ，追究が始まった。
以下が，条件をそろえて比較をすることの必要性に気付いていく子どもたちの姿で
ある。

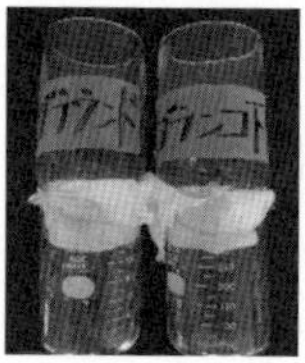

H児：ブランコの下の土と運動場の真ん中の土を比べたら水のしみ
　　　こみ方のちがいが分かるかな。
教師：どのようにして比べるの？
Y児：それぞれの土をとってきて実際に水をかけて
　　　比べるといいよ。
教師：こんな実験道具（**図8**）を準備してみたんだけど使えそうかな？
図8
T児：うん。下のビーカーにたまった水の量でしみこみ具合が比べられそうだね。
（意図的に違う量の土を入れて子どもたちに提示する）
M児：ただ，土の量は同じにしないといけないよ。（創出）
教師：なぜ土の量を同じにしないといけないのかな？
M児：だって，土の量は同じにしておかないと，平等に比べられないと思う。
教師：みんなはどう思う？
N児：土の量は同じにする必要があると思う。それに，注ぐ水の量も同じにしないと
　　　平等に比べられないよね。（受容）
S児：水を注いでからの時間も同じにしないといけないよ。（受容）
（「条件を制御する」と書かれた考え方カードを黒板に貼る）

このように，４年生の子どもたちであっても，条件がそろっていなければ比べら
れないことに気付くことができた（創出）。さらに，教師がその理由を尋ねたり，全
体に投げかけたりしたことで，子どもたちは，条件を制御して比べることの必要性
を自覚的に捉えていくことができた（受容）。最後に「条件を制御する」と書いた

カードを黒板上に示し，実験で得た「条件を制御する」考え方を以降の学習でも想起しやすくした。以下は，授業後の子どもたちの振り返りである。

> ブランコの下の土と運動場の真ん中の土を比べると，運動場の方がはやく水がしみこんだ。そのしみこみ方を比べるときは，土の量や水をかける時間などの条件を同じにしなくてはならないことが分かった（受容）。

イ　5年生「振り子の運動」

振り子が一往復する時間に対し，影響を及ぼす条件について追究を始める際，実験道具の写真（**図8**）を見せながら「4年生の雨水の学習で，課題を解決するのにどんな方法が役立ったか？」と，問いかけた。そうすることで，「条件を制御する」という考え方を想起させた。続いて「その方法は振り子の学習でも活用できそうかな？」と投げかけると，以下のような子どもたちのやりとりが見られた。

> N児：今回はおもりの重さとひもの長さ，それから振れ幅と，3つの条件があるよ。
> A児：1つの条件を変えて実験をするときは，ほかの条件はそろえないと比べられないよね。
> U児：例えば，おもりの重さを変えるときは，ひもの長さや振れ幅はそろえないといけないよ。
> O児：変える条件は1つにし，他の条件はそろえるのだったね。

前述アの学びをもとに，子どもたちは「条件を制御する」という考え方を活用しながら，実験方法の検討をスムーズに進めていったのである（転移）。その結果，一つ一つの実験の見通しが明確となり，単元全体で時数を1時間削減することが可能となった。次の単元「植物の発芽や成長」においても，「ここでも条件を制御することが必要だね」「変える条件とそろえる条件を考えていくといいね」と，「条件を制御する」という考え方を自覚的に働かせていた。このことにより，実験方法の検討時間が圧縮され，時数の削減が可能となった。

以上のように，無自覚に働かせている理科の考え方を，当該学年よりも早い段階で明示的に扱い，自覚的に捉えさせる。このことによって，理科のより豊かな学びと，授業時数の削減が期待できると考える。

（津守成思）

comment

　汎用的なスキルや「見方・考え方」に連なる学びは，従来の授業の中でもある程度は指導されてきた。問題は，子どもたちの多くがそのことに気付いておらず，それがゆえにほとんど自発的に活用されないことである。

　山口小は丁寧過ぎるほどの明示性の高さでもって，そういった学びの「創出と受容，転移」を手堅く実現しようとしてきた。「ここまでしなくとも」と思われるかもしれないが，これくらいして，ようやく全員の子どもが自覚化した価値をはじめて出合う場面に自発的に転移させられるようになる。

　山口小が研究開発学校として新設した「創る科」では，「具体化・抽象化」など汎用性の高い8の価値を位置付け，これらを直接的に扱う。「三つの視点」の三層構造における「(ア) 教科等を横断する汎用的なスキル（コンピテンシー）等に関わるもの」に相当する学力側面であり，「思考ツール」などの道具立てを伴って導入が進んでいる「考えるための技法」，いわゆる「思考スキル」とも通底する。

　「創る科」では，独自に教材を開発しこれらを直接指導するとともに，それぞれの価値やそれを実現する知識・技能が，各教科等の学びの中でも様々な場面で使われていたこと，使えることを丁寧に，また多角的に確認していく。これにより，教科等を横断する汎用的なスキルが，各教科等の領域固有な知識・技能，さらに「見方・考え方」と様々な関連を持っていることを理解し，各教科等の学びや日常生活の中での自発的活用（転移）を促す。

　併せて，各教科等の「見方・考え方」についても，同じ「創出と受容，転移」の過程を丁寧にたどりながら鍛え上げていく。

　この経験の積み上げの中で，自身の学びを常に省察し，その意味を自力で析出するとともに，様々な場面へと自発的に転移する能力と態度が子どもに育まれることは，想像に難くない。山口小の取組みは手取り足取りで開始されるが，子どもたちは次第に自立していく。つまり，学習者としての自立をめざすからこそ，まずは丁寧なまでの明示的指導を進めているのである。

（奈須正裕）

第 7 章—solution 4

「SDGs の達成をめざす学習」による教育内容の統合

埼玉県立伊奈学園中学校教諭

松倉紗野香

---

1 はじめに

　時代とともに「形容詞付きの教育」とも言われる新たな「○○教育」が生まれ，そのたびに学校では，各教科や総合的な学習の時間，特別活動の時間等で新たな実践がうまれてきた。例えば「国際理解教育」として，地域に住む外国にルーツを持つゲストから現地の生活や文化をテーマに講演会を開催することや，「環境教育」として自然体験教室を催し，自然に親しむ活動の実施など，こうした実践が地域や校種の特徴を踏まえながら展開されてきたことだろう。この他にも「○○教育」の事例を示そうとすれば，数えきれないほどの実践や活動が挙げられる。

　そうした「○○教育」は次々に出現し，現代社会が抱える課題が増すほどに学校で進めるべき教育内容が増えている，と感じる先生も多くいるはずだ。そのすべてを限られた時間の中で実施し，それぞれの教育が持つ目的を踏まえ，児童生徒にとって必要とされる資質・能力を育むことは果たしてできているのだろうか。もっと言えば，講演会や体験活動を行うことによってそれぞれの教育を「実施すること」が目的になってしまっているのではないだろうか。

　新たに出現する「○○教育」を個々の教育活動として扱おうとすると，いくら時間があっても足りないし，仮に実施したとしても，学びの質が浅いものに留まってしまう。そこで，本章では，筆者が研究主任として関わった埼玉県上尾市立東中学校による「グローバルシティズンシップ科」の実践を事例に，SDGs（持続可能な開発目標）を学習の柱に置き，従来の「○○教育」として行われてきた学習を統合した取組を紹介する。併せて，SDGs を取り入れた学習の可能性について触れたい。

2 埼玉県上尾市立東中学校「グローバルシティズンシップ科」

同校は，2015年度から2018年度の４年間にわたり文部科学省による研究開発学校の指定を受け，新教科「グローバルシティズンシップ科」（GCE 科）を創設し，中学校におけるグローバルシティズンシップ教育に関わる研究・実践を進めた学校である。研究指定期間中は，総合的な学習の時間を GCE 科に置き換え，教科や経験にかかわらず同校のすべての教師がその実践者となってカリキュラム開発や授業運営に携わった。指定期間終了後の現在は，総合的な学習の時間に戻しながらもこれまでに培った学習方法を継続し，ほぼ同様の学習内容を用いて授業を実施している。

同校が GCE 科を創設するにあたっては，ユネスコが提唱する「グローバルシティズンシップ教育」[1]に依拠し，「グローバルな課題に対して，地域の視点およびグローバルな視点の両方向からより良い解決の方策を考え，主体的にそれらに関わる動機付けを醸成」すること，「より公正，平和，寛容，そして安全な持続可能な世界を実現するために当事者として積極的に貢献できる人材の育成」を目的とした。

カリキュラムの作成にあたり GCE 科がめざす生徒像と育みたい資質・能力を設定（**表１**）し，３年間で実施されるそれぞれの単元を通して８つの資質・能力が習得できるように単元構成を工夫した。

GCE 科では，2015年に国連で採択された SDGs（持続可能な開発目標）を学習の柱に位置付け，「SDGs の達成をめざす学習」をつくってきた。同校では，現在も総合的な学習の時間のみならず，すべての教科において「SDGs の達成をめざす学習」が展開されている。SDGs に示されている17の目標には，現代社会が抱える社会，経済，環境的な側面から多様な課題が示され，それらはわたしたちの生活にも関わる内容のものばかりである。

GCE 科の学習では，SDGs がめざす持続可能な社会の実現に向けて，まずは社会で起きている多様な課題を「自分ごと」として捉え，その課題の原因・要因を考え，解決のための方法を見出し，個人変容・社会変容につながる学習を大切にしてきた。

表 1　　グローバルシティズンシップ科がめざす生徒像と資質・能力

<めざす生徒像>
1　自らの考えや根拠のある意見をもって社会に参画できる生徒
2　多様な文化，習慣，考え方を尊重し，共に生きることができる生徒
3　自ら課題を見付け，物事を多面的に考えられる生徒
4　クリティカルな思考を身に付け，自ら進んで調査し発信することのできる生徒
5　一人の市民として，より良い社会づくりに協働して参画できる生徒
<身に付けさせたい 8 つの資質・能力>
【社 会 参 画】一人の市民として社会をより良くしようとする活動に関わろうとする力
【多 文 化 共 生】多様な背景（宗教・言語・歴史等）を理解し，互いに尊重する力
【課題発見・設定】自らの課題に気付き，自分ごととして捉え，課題を設定する力
【批 判 的 思 考】物事の本質を捉え，多様な視点で事象を読み取ることができる力
【協　　　　働】多様な他者と協力し合い，それぞれの良さを生かして課題解決に挑む力
【資料収集・活用】課題解決に向けた適切な資料を収集し，分析を加えて資料を活用する力
【表 現 ・ 発 信】調べた内容や自分の考えをまとめ，相手に伝わるように発信する力
【課 題 解 決】設定した課題の解決に向けて，問い続けながら主体的に取り組む力

　そのための方策として，教師をファシリテーターとして，社会参加をめざした参加型学習の手法を用いた授業づくりを進めることや，学校内だけに「閉じた」学習ではなく，授業で扱う諸課題について社会（企業，NGO，研究機関，自治体など）と協働し，開かれた学習になるように展開した。

　3 年間の学習の中で扱う学習内容は幅広く，学年担当や生徒の興味・関心によって授業内容が異なるものの，GCE 科の大枠としては**表 2** に示したカリキュラムで進めた。

表 2　2018 年度　GCE 科カリキュラム（一部抜粋）

	1 年生	2 年生	3 年生
1 学期	世界の状況を知ろう（ワークショップ体験）	生き方・働き方を考えよう（職場体験× GCE）	SDGs フォトコンテスト（修学旅行× GCE）
	生徒総会に向けて（全校）		
2 学期	SDGs を自分のことばで（SDGs 理解のための活動）	持続可能な社会の実現に向けて（校外学習× GCE）	上尾をプロデュース・政策評価・まちづくりと SDGs・政策提案
3 学期	社会のなかにある SDGs・講演会・SDGs の視点から見る職業	・関係機関訪問・SDGs 達成に向けた提案・レポート作成	

　1年生では主に地球規模課題をテーマとしたワークショップ型の授業を進めた。ワークショップ型の授業では，世界で起きている多様な課題を取り上げ，世界が抱える不均衡な現状や社会構造について体験しながら理解を深めることをめざしている。扱うテーマはその年によって異なるものの，年度の始めには必ず『ワークショップ版世界がもし100人の村だったら』[2]を用いてワークショップを行い，そこで世界の現状を体感し，多くの生徒が世界の中で起きている「不均衡」や「格差」を実感する。その中で「なぜこうした現状が起きているのか」という疑問や「何だかおかしな現状」があることに気づき，現実社会への違和感を感じ始める。その後は具体的な地球規模課題（難民，食料問題，国際協力，ジェンダーなど）に関してテーマ別にワークショップ型の授業を実施する。こうした課題に対して「なぜ？」「どうして？」という疑問とともに課題の解決に向けて「もっと知りたい」や「課題の解決に関わりたい」という好奇心を引き出せる学習を展開してきた。

　2年生では最初に，職場体験学習の事前事後活動を含めて単元を構成している。事前学習として「多様な働き方」と「豊かさ」や「幸せ」について考え，一人ひとりがありたい未来の暮らしや社会を描く機会を設けた。その後職場体験学習後の1学期後半からは，クラスごとに設定したテーマに基づき学習を進めた。

　3年生では，修学旅行をGCE科の一環として「まちづくり」を題材とする学習に位置付けて学習を進めている。修学旅行先の京都・奈良では，まちを見る視点を育むため，現地を歩きながらSDGsに関する風景を写真におさめ，事後レポートを作成する。続いて「上尾をプロデュース」と題し，上尾市がより持続可能なまちになるための提案や企画づくりを行った。

　GCE科のそれぞれの単元では，一つのテーマに時間をかけて学習を進める。その際，2年生・3年生の学習では，固定された学習内容があるわけでなく教師と生徒で話し合いを重ねて学習テーマを決定している。それらのテーマは現代社会が抱える現在進行形で起きている課題が取り上げられ，日々の社会動向を意識しながら学習を進めることを心がけてきた。

　テーマ決定後は，誰とどのように学ぶのかといった具体的な学習方法に関して教師の指示による決定ではなく，生徒の決定によるものとし，教師は学習を支えるサポート役として，また学習と学習をつなぐコーディネータ役として授業に携わることになる。

　GCE科の単元の中には毎年多様な教育内容が含まれる。それらは，グローバルシ

ティズンシップ教育を軸とし，従来実践されてきた国際理解教育や環境教育のみならず学習内容によっては防災教育や福祉教育，STEAM に関わる内容など多くの「○○教育」を含有している。

3　「SDGs の達成をめざす学習」による
　「○○教育」の統合

　SDGs には，2030年までに世界が協力して解決すべき課題が示されている。それらの課題は先進国，途上国を問わず，すべての国や地域にとって解決をめざす課題であり，持続可能な社会づくりに欠かすことのできないものである。

　SDGs の17目標を見ると「○○教育」と関連する内容が数多く含まれていることが分かる。そうした17目標に着目し，目標を個々に扱うだけでは，環境教育，エネルギー問題に関わる教育，防災教育，福祉教育といった「○○教育」として個別の学習にとどまってしまうことが危惧される。こうした個別の学習では「SDGs」に触れること，親しむこと，そして，目標に書かれている内容を知識として「知る」ことが目的になりがちであり，SDGs の達成につながる学習や，持続可能な社会の創り手を育む学習として十分とは言い難い。

　SDGs の達成に求められているのは，課題の複雑性や相互関係性といった目標間にあるつながりの理解，または多様なステークホルダーとの協働の必要性を含めた分野横断的な視点である。そして，何よりも，SDGs が示されている国連文書である「Transforming our world: the 2030 Agenda for Sustainable Development（我々の世界を変革する：持続可能な開発のための2030アジェンダ）」（以下，「2030アジェンダ」）のタイトルにも示されているように，SDGs の達成には私たち一人ひとりの意識や行動の変容が求められている。

　2030アジェンダの前文では，本アジェンダがめざすのは「誰一人取り残さない」社会の実現であり，「すべての人々の人権を実現」することである，と記されている。このことは本アジェンダの根幹となるものであり，「持続可能な社会の実現」をめざすにあたって必要不可欠な理念であると筆者は考える。

　「持続可能な社会の実現」をめざす学習を進めるにあたっては「○○教育」として掲げられてきた教育内容を個々に扱うのではなく，まずは，わたしたちが描く，あ

りたい社会をどのようにつくるのかを考え，その社会の実現に向けて必要とされる学習を創造することが求められる。そうした学習の中には必然的に国際理解教育や環境教育，福祉教育といったこれまでに実践されてきた教育内容が含まれることとなる。そして，持続可能な社会の実現をめざした際には，そこに主体的に参画できる市民の育成が必要であり，そうした市民を育むための学習の充実が求められているのではないだろうか。

そこで，上記のことを念頭に SDGs の達成をめざした GCE 科においてこれまで個々に取り組まれてきた教育内容を統合させた 2 つの実践を取り上げ，そうした GCE 科を経験した生徒の姿について触れたい。

(1)テーマ別学習を通した実践

1つ目に，2年生の1学期後半から実施される単元「持続可能な社会の実現に向けて」と題した半年に及ぶテーマ別学習を紹介する。本単元では，クラステーマに基づいて課題を設定し，その解決をめざしてグループごとに学習を進める。

➤ グループ学習では，主にグループテーマに関する「資料収集」「論点整理」「訪問先調査」「質問づくり」「提案作成」を繰り返し実施する
➤ 12 月前半の校外学習の際にグループテーマに関する企業，NGO，研究機関等を訪問

図 1 「持続可能な社会の実現に向けて」

クラステーマの決定にあたっては，担任をファシリテーターとしてクラス全体で「持続可能な社会の実現」に向けて「今，何が足りていないのか」また「今後どのような社会をつくりたいのか」をテーマにクラス討議を繰り返す。その際には，1年生のときに実施した地球規模課題を扱ったワークショップや，SDGs に関して学習した内容が活用されている。

クラステーマが決まると，そのテーマをより具現化するためのグループテーマについて話し合い，今後の学習を進めるためのグループづくりを行う。クラステーマをより深く理解するために，インターネットだけに頼るのではなく，図書資料や新

聞記事が用いられる。そうしてクラス
テーマとして設定した課題の周辺知識
を得ながら，テーマに関わる国や地
域，人や団体を調べたり，複数の立場
の視点に立って考えを広げたり，焦点
化したりしてグループテーマを設定し
ていく。

　本単元では，12月に実施される校外
学習をグループテーマに関わる人に出
会う機会として設定している。この機

クラステーマについての討議の様子

会に「誰に会うのか」「そこで何をするのか」は基本的に生徒に任せ，教師はアポイ
ントを取ることなどのコーディネータ的な役にまわっている。この機会では，毎年
30〜40の関係機関に協力を得て，生徒が省庁，企業，NGO 事務所や大学の研究室を
訪問している。訪問先を決定するために各グループでは，最初にグループテーマで
扱う内容について論点を整理するところから始める。実際にその課題の解決に向け
てどのような団体が関係しているのか，そして候補となる訪問先がどのような取組
を実施しているのかを情報収集し，希望とする訪問先を生徒がリストアップしてい
る。

　本単元では，おおよそ半年間にわたってクラスごとに一つのテーマについてグ
ループ別で学習を進めるうちに，当初は気がつかなかった視点や一見つながらない
ように思えた問題に気付くことがある。

　「気候変動によるわたしたちの生活への影響」をクラステーマとして学習を進め
たクラスでは，当初，気候変動の現状に関して平均気温の変化やそれに伴う農作物
への影響に着目していた。農作物への影響に着目したグループは，「天候に左右され
にくい作物の栽培方法」をグループテーマとして企業や農家などの取組に興味を
持っていた。他のグループでは，気温の変化が都市環境にどのような影響を及ぼす
のかを考え，身近な「まち」や「暮らし」に着目した。その背景には，多くの生徒
が「ゲリラ豪雨」や「熱中症注意報」といった言葉を耳にする機会だけでなく，実
体験として現状に危機感を持つ経験があったことから「まち」や「暮らし」に結び
ついた経緯がある。

　さらに話し合いを重ね，気候変動が動物や植物に及ぼす影響を調べる中で絶滅危

惧種の多さに驚くグループがあった。動物や植物にとって今の環境は危険な状況な
のではないか，という問いから「動物の生活環境」に着目して学習を進めるグルー
プもあった。北極熊が今にも溶けそうな氷の上に映る写真を見た生徒は「この熊の
住む場所を奪ってしまっているのは，人間のせい，熊は何も悪くないのに……」と
つぶやく姿もあった。このグループは「SDGsの実現には人だけでなく，動物も住
みやすい環境にしなければならない」という考えのもとで動物にとっての持続可能
性とは何かを議論し，自然保護団体の資料を用いて調査を進め，校外学習時に日本
自然保護協会を訪問した。

　あるグループでは，自然災害によって住む土地を追われる人がいること，さらに
その数は今後，増加するのではないか，という気候変動による自然災害が引き起こ
す「人の移動」や「避難」に着目した。そして，国連UNHCR協会を訪れ，災害に
よって避難を強いられた人たちの現状や支援の詳細を聞く機会を得た。

　実際，世界銀行[3]の報告によれば，2050年までにサイクロンや台風，干ばつ，洪水
など気候変動による災害によって住む場所を追われる人々の数は，1億4000万人以
上になるとも言われている。こうした災害時には，平常時の社会において脆弱な立
場にいる人たちに更なる打撃をあててしまうことがある。すると，これまで以上に
格差が広がってしまうことも容易に想像できる。さらに言えば，干ばつ等によって
十分な食物が手に入らない状況が続いた際には，食物や水をめぐる紛争につなが
り，そこから新たな難民が生まれることが予想される。

　「気候変動」をテーマとした本クラスの実践では，生徒が気候変動をめぐる問題に
ついて論点を整理する際にその問題が「誰にとって」の問題なのかという視点を
もって学習に臨んでいた。気候変動は「わたし・わたしたち」が直面する問題であ
ると同時に「動物にとって」「植物にとって」の問題であり，遠く離れた場所に住む
人たちにとっての問題でもある。そうした多様な「視点」を持つことで，「気候変
動」をめぐる様々な論点が生まれ，新たな問いにつながった。このことが「気候変
動」を切り口にわたしたちの暮らしや動植物への影響だけでなく，災害によって国
や土地を追われ，避難せざるをえない人々への影響を考えることにつながったので
ある。

　SDGsの目標13では気候変動の解決に具体的な対策を求めている。「気候変動」に
ついて学習を進める際に，目標13を主な項目として着目し，気候変動の現状や気候
変動を引き起こす要因を調べていただけでは，気候変動と「難民・移民をめぐる問

題」を関連付けたり「格差」につながる問題として扱おうとしたりする生徒に出会うことはなかったかもしれない。

　GCE科の学習の中では，常に「多様な視点を持つこと」が重要視される。そのため一見，かけ離れたように見える「○○教育」の内容であっても生徒にとっては，複眼的にその「人」（動物）に思いを馳せることで，気候変動をめぐる問題が複数の「○○教育」と結びつき，統合された学習として成立するに至ったのであろう。

(2)まちづくりを題材とした実践

　2つ目は，3年生による「まちづくり」を題材とした実践である。本実践では，3年生の1年間をかけて自分たちが住むまちである上尾市が「持続可能なまち」になることをめざし，市役所や農協，福祉施設など地域の様々な関係機関との協力のもとで提案書や企画書を作成する。

　➤　課題設定以降は，課題別グループで学習を進める
　➤　必要に応じて関係機関（児童館，図書館，農園など）を訪れインタビューを実施する
　➤　グループごとにアンケート用紙を作成し，保護者，自治会へ協力を依頼する

図2　「上尾をプロデュース」

　まちづくり学習が始まるにあたっては，最初に「まち」をどのように見るのか，まちを見る「視点」を養えるように2つの工夫があった。1つ目の工夫は，そのまちに暮らす多様な人々の視点を持つために，まちづくりをテーマにしたロールプレイ学習[4]の実施である。本ロールプレイ学習では，ある架空のまちを舞台にそこに暮らす年齢，ジェンダー，国籍や職業も異なる登場人物が抱える「まち」への不満や不安をもとに「まち」をよりよくするための方策を考える機会としている。工夫の2つ目は，「持続可能なまちづくり」の視点を養うためのSDGsフォトレポートの作成である。修学旅行先の奈良・京都でまちを歩きながらSDGsに関係するものを見つけて写真におさめ，修学旅行後に写真を用いてレポートを作成する。レポートでは，一人ひとりが現地の街並みや目に入った景色から見つけたSDGsとの関わりを

自分のことばで綴り，生徒同士でレ
ポートを共有する場面を設けている。

　そうして修学旅行を終えた１学期の
後半からは「上尾市」に着目する。上
尾市の現状や課題に関して市役所や関
係機関の担当者から話を聞く機会を設
け，そこで挙げられた内容を一つの
きっかけとして生徒が課題を設定し，
学習を進める。

まちづくりをテーマにしたロールプレイの様子

　課題の設定の際に「持続可能なまち
になるということは，誰一人取り残されないまちが実現するということ」とつぶや
いた生徒がいた。その生徒は，市の防災政策に興味を持って調査を進め，災害が起
きた際に日常的に介護や支援を要する人が安全に避難できる場の必要性に気づい
た。そして，「福祉避難所」と呼ばれる避難所が用意されていることを知り，学区内
にある福祉施設の方へインタビューをしたり，市が出している防災にまつわる政策
を参考にしたりして福祉避難所に関する現状と課題を調査した。また，東日本大震
災の際に書かれた新聞記事を用いて避難所の様子に関して理解を深める場面もあっ
た。単元の後半では，福祉避難所の設置条件やマップの作成とその伝え方，安全な
避難経路について調べた内容をまとめ，提案書の作成に挑んでいた。

　本実践では「まちづくり」を題材とした単元の中で，福祉教育，防災教育，メディ
アリテラシーを育む教育など複数の「○○教育」が含まれていた。それと同時に，
自分たちが住むまちには，多様な立場の人が暮らしていることを理解し，その上で，
多様な立場に立って考えようとする意識があったことが伺える。

　多くの学校では，「福祉教育」の一環として車椅子体験や施設訪問等を実施してい
る。そうした体験による学びの意義は大きく，自らが体験をすることや施設を訪問
し，その中での出会いを通した学習から福祉に関して考える貴重な機会である。ま
た，避難訓練等をとおして防災について学んだり，市町村が出しているハザード
マップ等を用いたりして「防災教育」を実施している学校も多い。しかしながら，
そうした実践の中には「単発」で終わってしまうことも見られ，継続した学習につ
ながらないこともあるだろう。単発の体験活動や学習では，その「体験」したこと
以上の学びを得ることへの難しさや一過性の学習として終わってしまうことへの課

題が残る。すると，個々の教育内容の表面的な理解にとどまってしまうことや，それぞれが個別の課題として取り上げられてしまい，社会の中で福祉や防災にまつわる問題がどのように位置付けられ，それらがどのように関係し合っているのか，という体系的な理解につながりにくくなってしまう。

　一方で本実践では，福祉や防災といったそれぞれの教育内容が個々に設定されるのではなく，一つの単元の中でそれぞれの教育が重なり合い，また繰り返されることによって単発で実施するよりもより深い理解につながったと言えよう。

　また，本実践は 3 年間の GCE 科の最後の単元として位置付けられている。そのため生徒は，表面上は「まちづくり」を題材としているものの，これまでの学習内容や学習方法を活用して学習を進める生徒が多い。例えば，テーマが異なったとしても多くの生徒は課題の設定にあたり，課題が解決された理想とする社会を描くことから始めていたり，その課題について「○○にとって」と自分以外の誰かの視点に立ち，複数の立場からの視点を用いて考えたりしている。このことは，2 年生のテーマ別学習の成果が生きている。

　さらに，同校の生徒は，学習内容やテーマが異なっても「誰一人取り残さない社会の実現」を念頭に置き，「誰一人取り残さない」という言葉が，自分たちが生きている社会において何を意味するのか，どうすればこうした社会の実現に近づくのかをそれぞれの文脈の中で置き換えて想像していた。そして，「誰一人取り残さない社会の実現」や「すべての人々の人権の実現」を「めざす社会」として捉え，その具体を描きながら学習を進めることによって，その都度，自らの学習に必要とされる福祉や防災といった「○○教育」を自然と取り入れて課題の解決につなげていた。その結果として「○○教育」を統合した学習になったのだと考える。

⑶ SDGs の達成に主体的に参画しようとする市民の育成

　GCE 科を経験したことによって，同校のおよそ70％の生徒が「自分の参加により社会を変えることができる」と答えている。日本国内の17歳から19歳のうち，同じ質問項目に対して「はい」と回答したのは18.3％[5]であった。GCE 科の学習が上尾東中の多くの生徒たちに社会を変革できるという気持ちをもたらしたことが分かる。

　また，GCE 科の学習をとおして生徒が自身のキャリア形成を考え，その後の進路選択や職業選択につながることも少なからず見られた。校外学習での出会いから

「ものづくり」への興味を抱いた生徒や国際協力に興味を持ち,「海外で学びたい」「国際協力の現場を見たい」と希望する生徒,多様な働き方に触れたことで,起業をめざしたり「今後,○○のような仕事が必要なのではないか」と新たな職業をつくりだそうとする生徒の姿もあった。

　このように同校の GCE 科では「SDGs の達成をめざす学習」をつくり,そうした学習を進める中で,生徒自身が自分と社会との関わりを見出し,SDGs の達成に主体的に関わろうとする市民を育成していた。

4　SDGs 学習の可能性

　「SDGs」という言葉を自治体や企業のホームページ,メディアの特集など多様な場面で目にするようになった。学校においても学習指導要領の改訂や教科書への記述から「SDGs」をテーマとする授業実践が全国の学校で展開されつつある。一方で,前述のようにそれらの学習が SDGs の17目標の中から 1 つの目標について調べ,まとめ,発表する,という一連の流れの中で行われ「SDGs を知ること」に収斂してしまっているのではないか,と危惧している。確かに SDGs を「知ること」は重要な学習の要素であり,第一歩である。しかし,そこで学習をまとめてしまっては「持続可能な社会の実現」につながる学習とは言い難い。そして,SDGs の目標を17の個別の課題として捉えてしまうと,それは「○○教育」として従来のような個々の教育内容が乱立してしまうことになる。

　そこで,SDGs が示された2030アジェンダそのものに戻り,わたしたちがめざす社会のありようを描くところから実践を考えてみたい。わたしたちが育みたいのは「SDGs に詳しい生徒」ではなく,事例とした上尾東中が掲げた「めざす生徒像」に示されているような「SDGs の達成に主体的に参画できる生徒」ではないだろうか。

　そうした際に求められるのは,「誰一人取り残さない社会」の実現のために必要とされる「公正」や「共生」といった本アジェンダの中で掲げられている SDGs が持つ理念への共感であって,SDGs についての「知識理解」だけではない。SDGs で示されている多様な地球規模課題への表面上の理解ではなく統合化された概念的理解が必要とされているのである。

　そうした理解を深めるためには,表出されている事象だけを見て「課題」として

認識するのではなく，その背景や根底にある社会構造やパワーバランス，または他の課題との関連性を意識して学習を進めることが不可欠であろう。その上で，課題の解決方法を見出し，課題の解決に向けて自分たちが社会に参加しようとする際にどのような参加の保障があるのか，その具体策を考えようとする「市民」としての姿勢が求められている。

　時代とともに次々と出現する「○○教育」を積み上げていくとカリキュラムは確実にオーバーロードする。それらをこれまで通りに実施することからいったん立ち止まり，乱立する「○○教育」のスリム化に向けて，まずはわたし・わたしたちが，ありたい社会とはどのような社会なのかを描くこと，そして，どのような児童生徒の育成をめざすのか，を話し合うことから始めてみてはどうだろうか。

　再掲になるがSDGsが示された2030アジェンダのタイトルには，「Transforming our world」（私たちの世界を変革する）と書かれている。まずは，わたしたちがこれまでに実施してきた「○○教育」の教育内容を見直し，それらを統合した実践づくりに向けて教師自身が抱いている教育観をtransform（変革）することが求められているのだ。

[注]

1　UNESCO "Global Citizenship Education : Preparing learners for the challenges of the twenty-first Century" 2014年
2　開発教育協会『ワークショップ版・世界がもし100人の村だったら-第6版』2020年
3　世界銀行報告書 Groundswell : Preparing for Internal Climate Migration, 2018年
4　開発教育協会「私たちのまちづくり」『18歳選挙権と市民教育ハンドブック』2016年
5　日本財団「第20回社会や国に対する意識調査」
　https://www.nippon-foundation.or.jp/app/uploads/2019/11/wha_pro_eig_97.pdf

[参考文献]

・上尾市立東中学校『平成30年度研究開発学校最終報告書』2019年
・SDGsと開発教育研究会『SDGs学習のつくりかた』開発教育協会，2021年
・田中治彦・奈須正裕・藤原孝章編『SDGsカリキュラムの創造　ESDから広がる持続可能な未来』学文社，2019年
・United Nations "Transforming our world : the 2030 Agenda for Sustainable Development" 2015年

comment

　旧石器時代の寓話として第3章で述べた通り，カリキュラム・オーバーロードそれ自体は特に現代社会に限った問題ではない。とはいえ，近年における社会の変化や技術革新が数多くの新たな教育課題を生み出し，学校での取り扱いを要請していることもまた事実である。何より，これら現代社会の課題が従来からのオーバーロードをいっそう加速し，深刻化させている。

　問題の核心は，それぞれの課題が独立したコンテンツとして，カリキュラム上に一定の位置付けを主張している点にある。もちろん，それをすべて許せばカリキュラムがパンクすることは先方も承知で，せめて「出合う」「知る」「触れる」「親しむ」だけでもお願いしたいという申し出になる。

　しかし，それでは文字どおり焼け石に水であり，実際にその問題や対象と子どもたちが向き合った際，およそ実効性のある関わりや判断が可能になるとはとても思えない。たとえば，2008年の世界金融危機後，いくつかの国で金融教育が実施されたが，授業を受けた子どもの割合と2012年のPISAが評価した金融リテラシーの間には，明確な相関関係は認められなかった。

　現代社会の課題をカリキュラムに盛り込むなら，しっかりと深く，オーセンティックに取り扱うべきである。「それでは，いよいよ時数が足りないのでは」との疑問に対しては，コンテンツとして一つ一つつぶしていくのではなく，相互に複雑に絡み合っているという現代社会の課題がもつ特質に注目し，複雑な問題状況それ自体を当事者としてまるごと引き受け，自分たちなりの解決を模索する中で，多くの問題の根底に潜む中核概念に気付き，その取り扱い方を探究的に学ぶことにより，コンテンツとしては学んでいなくとも，コンピテンシーとして対処できるようになる道を選択すると回答したい。

　それこそが上尾市立東中が選んだ道であり，SDGsとシティズンシップをベイスとした横断的で探究的な学びにより，子どもたちは未知の問題にも柔軟に対処できる資質・能力を段階的に身に付けていったのである。

（奈須正裕）

第8章—solution 5

「見方・考え方」を大切にした
算数・数学の授業づくりとカリキュラム開発

島根県立大学教授

齊藤一弥

1　カリキュラムはオーバーロードなのか

　カリキュラム・オーバーロードは，これまでの学習指導要領の改訂期にも話題となってきたが，2017年版学習指導要領（以下，「2017年版学指」）の理念を実現していくためには，その解消がこれまで以上に喫緊の課題とされている。2017版学指は資質・能力ベイスの基本である「Less is more（少なく教え，豊かに多くを学ぶ）」で示されたにもかかわらず，なぜこのような状況になっているのだろうか。

　国際教育到達度評価学会（IEA）の定義によると，カリキュラムは，「意図されたカリキュラム（学習指導要領に示された内容）」「実施したカリキュラム（授業実践によって営まれた内容）」，そして「達成したカリキュラム（児童・生徒に身に付いた内容）」の三層で示される。このことから考えると，「意図されたカリキュラム」の内容が正しく解釈されずに，「実施したカリキュラム」が過積載状態になっているというカリキュラム間で整合が図られていないことが要因ではないだろうか。

　学習指導要領の内容は，教科書によってカリキュラムが可視化され，単元や単位時間の学習展開として示されるが，多くの教師はここで内容の過積載を実感している。教師の多くは教科書を用いて授業を進めており，当然のことながら教科書に示されている教材単元にそって授業を進めていくことになる。このこと自体決して間違ってはいないし，これまでの実践での経験をもとに洗練された単元を積極的に活用していくことは望ましい。しかし，そこで確認すべきことは，教科書に示された「意図」を学習指導要領や解説などと突き合わせながら丁寧に読み解き，その趣旨を反映させて単元のまとまりで指導しなければならないということである。

　図1は，筆者が，2017年版学指の算数科に示された目標・内容等を，教科書の内容を分析する視点として，学びの成果（能力）と学びの過程（方法）の両面から独

時間 (●:時数設定なし)	令和2年版 / 平成27年度版	1 新設	2 / 1・2	● 新設	3 / 3	4 / 4	5 / 5	6 練習 グラフとセット	7 新設	8 新設	9 練習 グラフとセット	● 新設
111 概念・性質	令和2年版		④		②	○	○		○	○		
	平成27年度版		③			○	○			○		
112 表現・処理	令和2年版		②			○	○		○	②		○
	平成27年度版		○			○	○					○
113 方法知	令和2年版											
	平成27年度版											
114 用語・記号	令和2年版				②							
	平成27年度版				○							
121 着眼の仕方（見方）	令和2年版	③	②		○	○	○					
	平成27年度版		○			○	○					
122 論理的な思考(見通し・筋道)	令和2年版	②	○									○
	平成27年度版		②									
123 統合的・発展的な考察	令和2年版				○					○		○
	平成27年度版				○							
124 簡潔・明瞭・的確かつ柔軟な表現	令和2年版		○			○	○	○				
	平成27年度版		○				○					
125 活用	令和2年版			○	○							
	平成27年度版											
131 楽しさ・よさ	令和2年版			○								
	平成27年度版											
132 振り返り・よりよい問題解決	令和2年版			○						○		②
	平成27年度版											
133 活用	令和2年版				○					○		○
	平成27年度版											
211 （算数を見出す・出会い）	令和2年版											
	平成27年度版											
212 日常の事象から見いだした問題を解決する活動	令和2年版	○	○	○	○	○	○		○	○		○
	平成27年度版		○		○	○	○					
213 算数の学習場面から見いだした問題を解決する活動	令和2年版											
	平成27年度版											
214 数学的に表現し伝え合う活動	令和2年版	○										○
	平成27年度版											
221 数学化（A）	令和2年版	○										
	平成27年度版											
222 問いの焦点化（B）	令和2年版	○										
	平成27年度版											
223 自力解決・共同思考・まとめ（C）	令和2年版		○		○	○	○	△	○	○	△	
	平成27年度版		○		○	○	○	△			△	
224 活用，意味付け，統合・発展（D）	令和2年版		△	○	○	△	△		△			○
	平成27年度版		△		○	△	△					
225 (214) 数学的表現（E）	令和2年版	○										○
	平成27年度版											
226 学びに向かう力・人間性(F)	令和2年版											
	平成27年度版											

図1 新旧（令和2年版／平成27年版）教科書の記述の違い
A社 小学校算数 5年 割合

コード番号：111～114：知識・技能，121～125：思考力・判断力・表現力等，131～133：学びに向かう力・人間性，211～214：数学的活動の類型，221～226：数学的活動の局面

自にコード化し，それらが教科書（A社）にどのように反映されているかを整理したものである。

　分析した内容は，小学校算数科の中でも指導が難しいとされている割合（小学校5年）である。縦軸には分析の視点，横軸には教科書の指導書で配当された指導時間を示している。指導時間の「新設」は令和2年版で新たに設定されたもの，「●」は指導時間として位置付いていないことを示している。また，表中の「○」は十分確認できるもの，「△」はある程度確認できるものを示している。なお，「②」などの数字は取り扱われている回数を示している。

　まず，新教科書は，これまでの教科書に比べて明らかに分量が増えていることが分かる。また，その要因として，「振り返り（132）」「活用（133）」や「数学化（221）」「統合・発展（224）」など，新課程において期待されている能力や学習方法への対応ということも分かる。しかし，それらの一部には時数が配当されておらず，その取扱いは教師に委ねられていることも読み取れる。このように新教科書のフレームや教材単元の配列などは，内容ベイスによる構成の大枠を踏襲したままにもかかわらず，2017年版学指の主旨である「数学的な見方・考え方」や「数学的活動」といった要素を新たに書き加えることで期待されている資質・能力ベイスでの学びの実現をめざそうとしているわけである。

　その一方，単元導入時のイントロダクションで，バスケットボールのシュートの上手さを判断する場面を用意し，「シュートが入った数」のみを提示して判断できるかを問うなどして，子どもが「数学的な見方・考え方」を働かせる必然性を確保したり，算数の問題として設定するためには基準量である「シュート数」が必要であることに関心が持てるようにキャラクターなどで数学らしい学習過程を意識させて「数学的活動」を組織しようとしたりするなど，2017年版学指の主旨である「主体的・対話的で深い学び」の実現へ向けた工夫も多い。しかし，肥大化した教科書の全ての誌面をこれまでと同じように指導していくとなると，カリキュラム・オーバーロードに直面することになり時間数不足などの問題は避けては通れなくなる。

　では，2017年版学指の全面実施状況下において，オーバーロードの解決をどのようにめざしたらよいのだろうか。

　学習指導要領の解釈がオーバーロードの要因として挙げられるのであれば，「意図されたカリキュラム」の分析を再度徹底することが必要になろう。また，教科書をいかに活用して「実施したカリキュラム」を描いていくのかも課題であり，その

解決にはカリキュラムのリデザインも求められるであろう。選択と集中といった視点から新教科書を読み解くことで，資質・能力ベイスで単元のまとまりを描いていくことが必要になるわけである。

　本稿では，このような解消への方向性と期待されるカリキュラム開発の考え方を次の視点から整理する。

(1)「内容と能力」―能力ベイスでの内容整理―

　2017年版学指は，指導内容を「知識・技能」「思考力・判断力・表現力等」で示している。これは，旧来の内容ベイスでの内容の整理の仕方とは異なる。

　まず，「知識・技能」についてである。それが生きて働くためにそれらの「働き」「必要性」「よさ」に言及したり「方法知」を求めたりするなど，内容の意味的理解を求めており，これまでと比べてその捉えは変わっている。

　次に，未知の文脈にも活用できる「思考力・判断力・表現力等」については，下に示すように多くが「正方形」「二等辺三角形」といった基本図形などの指導内容を張り付けずに能力のみで表している。また，2年と3年の思考力・判断力・表現力等を比較すると，3年生に「図形の性質を見いだし」という部分が加筆された以外は同じ内容であり，このような内容の示し方は，指導内容を能力ベイスによって統合および整理することを求めている。

　また，2017年版学指では「数学的活動」についても，それまでの「算数的活動」とは大きく捉え方を変更して，それ自体を能力として育成することで子ども自らが数学らしい学びを描くことを期待している。平成10年の学習指導要領改訂において，「算数的活動」は，「児童が目的意識を持って主体的に取り組む算数にかかわりのある様々な活動」と小学校算数科独自に位置付けられ，「作業的・体験的な活動など手や身体を使った外的な活

2017年版学指　算数
2年　図形
イ　次のような思考力，判断力，表現力等を身に付けること。
（ア）図形を構成する要素に着目し，構成の仕方を考えるとともに，身の回りのものの形を図形として捉えること。
3年　図形
イ　次のような思考力，判断力，表現力等を身に付けること。
（ア）図形を構成する要素に着目し，構成の仕方を考えるとともに，図形の性質を見いだし，身の回りのものの形を図形として捉えること。
（下線筆者）

動」と「思考活動などの内的な活動」の両面から整理された。これに対し，2017年版学指の「数学的活動」は，「日常の事象から見いだした問題を解決する活動」「算数の学習場面から見いだした問題を解決する活動」，そして「数学的に表現し伝え合う活動」，さらに下学年には「数量や図形を見いだし，進んで関わる活動」が別途設定されている。これは子どもが算数の世界に入る前に，算数そのものに関わっていく活動を重視し，それを活動として丁寧に指導するという主旨から位置付けられたものである。

　このような2017年版学指の内容を，これまでの指導内容に加えて能力を上乗せする整理の仕方ではカリキュラムが肥大化するのは当然のことである。

⑵「縦の統合・削減」―見方・考え方の成長と単元開発―

　2017年版学指において算数科は領域変更を行った。これには教科目標の柱書に示された「数学的な見方・考え方」の登場が大きく影響している。児童生徒が「数学的な見方・考え方」を働かせて「数学的活動」を通して算数・数学を学ぶためには，「数学的な見方・考え方」を基軸に据えて指導内容を整理する必要があったからである。学習対象への着目の仕方や認知・思考，表現の仕方から内容の捉え直しを行い，そこに系統が担保されるように領域を変更したわけである。特に，思考力・判断力・表現力等は，「数学的な見方・考え方」の成長過程が読み取れるようにグレーディングした表記で整理されている。

　また，学びの過程としての「数学的活動」についても同様に小学校算数科では1年，2年・3年，4年・5年，そして6年と4つのグレード，中学校数学科では1年，2年・3年の2つのグレードから整理して，数学的な見方・考え方を働かせた学びの充実を期待している。

　このように，内容と方法の両者において複数の学年をまたぐ学年バンドを設定したことによって，まずは，内容の統合・発展を意識してカリキュラム開発を行うこと，そして数学的活動を明示的に繰り返すことによって子供自らが数学らしい学びを推し進めていくことを期待している。このことは，結果的にカリキュラムのスリム化につながる。

(3)「横の新編・再編」─見方・考え方を基盤とした学びの文脈─

　先述の通り，これまでの教科書は内容ベイスでの教材単元で構成されてきたが，その教材単元の関係を能力ベイスで見直すことも必要である。

　学習指導要領では，内容ベイスで指導内容が示され，教科書ではそれをもとに教材単元としてパッケー

> 2017年版学指　算数
> ３年　図形
> ア　次のような知識及び技能を身に付けること。
> （ア）二等辺三角形，正三角形などについて知り，作図などを通してそれらの関係に次第に着目すること。
> （イ）基本的な図形と関連して角について知ること。
> （ウ）円について，中心，半径，直径を知ること。また，円に関連して，球についても直径などを知ること。

ジ化して対応させている。例えば，３年生の図形は，学習指導要領では上のように知識・技能が示されていることから，多くの教科書では「円と球」「三角形と角」という教材単元が別々に組まれている。しかし，この学年の図形の学習で獲得したい概念は「等長」「等辺」であって，それを円・球，三角形（二等辺三角形・正三角形）といった基本図形の構成要素への着目や構成の仕方を経験することによって獲得していく。学習指導要領および解説にはこのような概念そのものは明示されていないが，構成要素や図形の性質，また構成要素や図形の位置関係を捉える視点として重要である。

　このように能力ベイスで内容を捉えると教材単元の組み合わせ方にも関心を持つことが必要となり，このことによってこれまでの単元構成や配列も変わっていくことになろう。見方・考え方や汎用性の高い能力の視点から新たな単元を構成したり領域を横断的に関連させて旧来のカリキュラムを再編したりすることが必要になるわけである。

2　能力ベイスでの内容整理
コンテンツ・フリーの意味すること

　算数科の「思考力・判断力・表現力等」は，数学的な見方・考え方を意識しなが

ら，算数・数学固有のコンテンツを示さず（コンテンツ・フリー）に能力を示しているが，これによってカリキュラム・オーバーロードはどのような影響を受けるのであろうか。また，どのように指導内容の再整理を推し進めていくのであろうか。教材単元のまとまりの垣根を越えて，育成すべき能力に着目することで，単元を再編し，場合によっては時数を削減することを可能にできるかどうかである。

　例えば，4年の図形の「思考力・判断力・表現力等」は，下のように示されている。ここで注目したいことは下線部の構成要素の位置関係への着目である。「平行・垂直」という図形の概念に着目し，この視点から基本図形の性質をいかに捉えていくかが肝要になる。この学年では，平面の基本図形として平行四辺形，ひし形，台形を，空間の基本図形として直方体と立方体を扱うが，内容ベイスでは，基本図形の性質の理解から概念の確認へ関心を導く学習過程が一般的であったので，当然のことながら平面図形と立体図形とを別単元で扱ってきたわけである。しかし，育成すべき資質・能力から内容を整理すると，両者の関係を意識したこれまでとは違った単元の描き方も考えられる。

　「日常の事象を図形の性質から捉え直す」という能力から学習場面を設定すると展開は大きく変わってくる。教室の床や天井，黒板や窓，廊下や階段などといった身近な場所の至る所に平面および空間の「平行・垂直」の位置関係が存在する。例えば，「床や天井のタイル（長方形・正方形）がきちんと敷き詰められて【辺の平行】な直線が【辺の垂直】に交わっている」「窓枠が【辺の平行】になっているので窓（長方形）はスムーズに開閉する」「教室（直方体）の床（長方形）と天井（長方形）が【面の平行】になっている，床および天井と壁（長方形）とは【面の垂直】になっている」「段ボール箱（直方体）は綺麗に積み上げられている【面の平行】」などである。

2017年版学指　算数
4年　図形
平面図形
イ　次のような思考力，判断力，表現力等を身に付けること。
（ア）図形を構成する要素及びそれらの位置関係に着目し，構成の仕方を考察し図形の性質を見いだすとともに，その性質を基に既習の図形を捉え直すこと。
立体図形
イ　次のような思考力，判断力，表現力等を身に付けること。
（ア）図形を構成する要素及びそれらの位置関係に着目し，立体図形の平面上での表現や構成の仕方を考察し図形の性質を見いだすとともに，日常の事象を図形の性質から捉え直すこと。
（下線筆者）

このような日常事象に着目しながら，算数・数学の問題を設定し，図形の概念を理解していく学習をデザインすることが期待されている。

　内容ベイスでの教材単元の構成の仕方では，指導内容である図形の約束や性質を確実に理解させてから，それを活用して日常事象も含めた課題解決をしてきた。つまり，指導内容を始発点としてその習得をめざした上で，内容に張り付いた場面での活用が繰り返されてきており，めざす能力は同じでも教材単元ごとに別々の内容として扱われることが多かったわけである。しかし，コンテンツ・フリーで示された能力からカリキュラムを描くと，これまで別々に扱われていた内容の多様な組み合わせが可能になり，これが学習者の経験に拓かれた学びを支えていくことにもつながり，このことがカリキュラムのスリム化にも貢献する。

3　見方・考え方の成長と単元開発
指導系統の縦の関係を見直す

　算数科の内容の「思考力・判断力・表現力等」「数学的活動」は，見方・考え方の成長を意識した示し方で整理されている。このことは学年を追って螺旋的に指導を積み上げていくことを期待しており，学びの成果と学びの過程の両面から縦の系統を意識したカリキュラムの見直しを求めている。

⑴能力育成のスパンと単元 ―学びの成果―

　目標や内容に示された能力はどのように変化しているだろうか。学年間の関係に注目したい。次頁に示しているのは「変化と関係」領域の4年と5年の割合の「思考力・判断力・表現力等」である。先述の図形と同様に，5年生に「それを日常生活に生かすこと」が加わったこと以外は同様の内容になっている。もちろん，4年生では整数，5年生では小数や分数で割合を表現するといった範囲の違いはあるものの，両学年は「割合として見る」という数学らしい見方でつながっており，それを繰り返して指導していくことが分かる。

　4年では「3（基準量）を1とみると12（比較量）は4（割合：整数）とみることができる」という関係を扱う。一方，5年では「12（基準量）を1とみると3（比

較量）は0.25（割合：
小数）とみることがで
きる」という関係にま
で広げる。これらは同
じ事象を異なる方向
から捉えているだけ
であり，学習事象を共
有化することによっ
て双方での学習を意
識した展開を用意す
ることは決して難し
いわけではない。

> 2017年版学指　算数
> 　4年　変化と関係
> 簡単な場合についての割合
> イ　次のような思考力，判断力，表現力等を身に付けること。
> （ア）日常の事象における数量の関係に着目し，図や式などを
> 　　　用いて，ある二つの数量の関係と別の二つの数量の関係
> 　　　との比べ方を考察すること。
> 　5年　変化と関係
> 割合
> イ　次のような思考力，判断力，表現力等を身に付けること。
> （ア）日常の事象における数量の関係に着目し，図や式などを
> 　　　用いて，ある二つの数量の関係と別の二つの数量の関係
> 　　　との比べ方を考察し，それを日常生活に生かすこと。
> 　　　　　　　　　　　　　　　　　　　　　（下線筆者）

　このように，算数・数学で身に付ける知識・技能等を統合・包括する鍵になる概念を基盤に据えることで，下学年において上学年で学ぶ内容を見越したカリキュラムを描くことが必要となる。

　このことは，能力育成は単学年で行うものではなく複数年での学年スパンの中で積み上げていくことを意味している。逆の見方をすると，各学年での学びを別々に扱うのではなく，それぞれの内容を統合的に扱ったり場合によっては削減したりして，新たなカリキュラムを開発していくことを可能にするわけである。ここにも「Less is more（少なく教え，豊かに多くを学ぶ）」の基本をみることができる。

⑵数学的活動の充実と単元 ―学びの過程―

　2017年版学指で新設された「数学的活動」は，先述の通り4つの学年バンドで学びの過程が能力として示されている（図2参照）。つまり，子どもが数学らしい学びを自ら描いていくこと，そしてそれが段階的に質的に向上することを期待している。

　2年・3年では，問題解決後に「結果を確かめる」であったのが，4年・5年では「日常生活等に生かす」「発展的に考察する」に高まり，さらに6年では「結果や方法を改善する」「統合的・発展的に考察する」と，さらなる進化をめざしていることが分かる。

	数量や図形を見いだし，進んで関わる活動	日常の事象から見いだした問題を解決する活動	算数の学習場面から見いだした問題を解決する活動	数学的に表現し伝え合う活動
第1学年	身の回りの事象を観察したり，具体物を操作したりして，数量や形を見いだす活動	日常生活の問題を具体物などを用いて解決したり結果を確かめたりする活動	算数の問題を具体物など用いて解決したり結果を確かめたりする活動	問題解決の過程や結果を，具体物や図などを用いて表現する活動
第2学年	身の回りの事象を観察したり，具体物を操作したりして，数量や図形に進んで関わる活動	日常の事象から見いだした算数の問題を，具体物，図，数，式などを用いて解決し，結果を確かめる活動	算数の学習場面から見いだした算数の問題を，具体物，図，数，式などを用いて解決し，結果を確かめる活動	問題解決の過程や結果を，具体物，図，数，式などを用いて表現し伝え合う活動
第3学年	同上	同上	同上	同上
第4学年		日常の事象から算数の問題を見いだして解決し，結果を確かめたり，日常生活等に生かしたりする活動	算数の学習場面から算数の問題を見いだして解決し，結果を確かめたり，発展的に考察したりする活動	問題解決の過程や結果を，図や式などを用いて数学的に表現し伝え合う活動
第5学年		同上	同上	同上
第6学年		日常の事象を数理的に捉え問題を見いだして解決し，解決過程を振り返り，結果や方法を改善したり，日常生活等に生かしたりする活動	算数の学習場面から算数の問題を見いだして解決し，解決過程を振り返り統合的・発展的に考察する活動	問題解決の過程や結果を，目的に応じて図や式などを用いて数学的に表現し伝え合う活動
（中学校　第1学年）		日常の事象を数理的に捉え，数学的に表現・処理し，問題を解決したり，解決の過程や結果を振り返って考察したりする活動	数学の事象から問題を見いだし解決したり，解決の過程や結果を振り返って統合的・発展的に考察したりする活動	数学的な表現を用いて筋道立てて説明し伝え合う活動

図 2　数学的活動一覧　（「学習指導要領解説　算数編」より抜粋）

　「割合として見る」という見方を働かせながら，4年・5年において日常事象の課題解決に活かしたり割合を適用する範囲を拡張して考察したりしたことを踏まえて，6年では「比」や「縮図・拡大図」の学習において，解決方法を工夫したりこれまでの「割合」を統合的に捉えたりすることになるわけである。

　このように数学らしい学びを子どもが自ら描くことができるようになれば，上学年になるにつれて，段階的に学びを加速させたり螺旋的に指導内容を統合させたりすることを可能にする。カリキュラムのスリム化と並行しながら，学びの加速化はオーバーロードの解消に大きく貢献することにつながる。

4 見方・考え方を基盤とした学びの文脈
教材単元の横の関係を見直す

　これまでの内容ベイスの教材単元に，見方・考え方や資質・能力の明示的指導を盛り込もうとすると，カリキュラムは膨らんでしまうことは先に述べた通りである。この解消には，領域枠をも越えた能力から内容の関連を図ったカリキュラム開発が必要であり，そのためには見方・考え方を基盤に据えた学習内容の関連を確認することが必要になる。

　2017年版学指では，第4学年に「簡単な場合についての割合」が新設された。これまでも「割合として見る」ことを指導する場面はあったが，学習指導要領に明確に指導内容として位置付けられたわけである。しかし，この「割合として見る」という学習内容を充実させるために，いくつもの関連する内容が用意されている（**図3**参照）ことに留意しなければならない。

　1つ目は，小数の意味の拡張である。小数でも「倍」が表せるということを学ぶ。それまで小数は2.3mとか6.5kgといったように，「量」を表すものとして扱われていたものを，3.5倍とか0.8倍といった具合に，「倍」を表せることを学習し，次学年の学習の準備をしている。

　2つ目は，わり算の意味である。「比の三用法」のそれぞれの側面から，かけ算とわり算との関係を扱う。基準量と比較量，そして割合の三者をそれぞれ求める学習である。ここでは，改めて「倍」についての理解を深めることになる。

　そして3つ目は，2017年版学指で新設された「簡単な場合についての割合」である。

　学習指導要領では，「割合として見る」ことに関する内容が別々の指導内容として登場してくるが，それらはどれも密接に関連しており，これらをそれぞれ独立

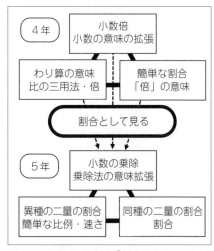

図3 4年と5年の「割合として見る」に関連した指導内容

126

したものとして扱うと学びの効果は薄れてしまい，そもそも「割合として見る」という見方・考え方の成長は期待できない。これらの内容をどのように関連付けながら指導していけばよいかを検討することが必要である。同学年においても，どの教材単元が関連しているのかを確認し，それらをいかにつなげていけばよいのかを考えながらカリキュラムを描くことが必要である。

通常，教科書ではこれらは別々の教材単元の中で扱われている。それは，学習指導要領に示されていることを内容として教科書に明示することが教師にとって内容をつかみやすいからであろう。また，従来型の教材単元のパッケージで示した方が，内容がはっきりするので指導しやすいということもあるのかもしれない。

しかし，教科書に別々に掲載されていると，教科書通りに指導する教師はそれらを別々に指導することになってしまい，その結果，子どもたちは，割合として見るという重要な考え方をしっかりと理解できずに進んでいくことになってしまう。そこで，「割合として見る」という大きなテーマの下に，これらの内容を関連付けてカリキュラムをリデザインすることが期待されているのである。しかし，この「リデザイン」とは，教材単元を大幅に再構成したカリキュラム再編を指すものではない。それぞれの単元での指導において「割合として見る」という共通した「数学的な見方・考え方」を基盤に据えた明示的指導を繰り返していくということである。それによって，子供は内容の関連を意識しながら学習に取り組むようになり，先述の数学的活動と同様に学びを加速化させていくことになる。

図3でも示した通り，5年生になると，「小数の乗除法」を学習する。その後，同種の二量の関係を扱う「割合」，さらに異種の二量の割合として「単位量当たりの大きさ」や「速さ」，そして「簡単な比例」も取り扱うこととなる。

これらの学習では，学習対象を「割合として見る」という見方・考え方で捉えていくことが期待される。4年生の「小数倍」が理解できていないと「小数の乗除法」を理解することは難しいし，また，「簡単な割合」が理解できていないと「割合」を理解することもできない。そして，「比の三用法」が理解できていないと「割合」も「簡単な比例」を理解することは難しいということになる。

また，「割合」と「簡単な比例」の違いを理解した上で，それらを関連させながら指導することも必要になる。「割合」は同種の二量の関係を扱っていて，一方「簡単な比例」は異種の二量の関係を扱っているが，「割合として見る」という点からは同じであることから，子どもが内容を統合的に捉えることができれば，ここでも

「Less is more（少なく教え，豊かに多くを学ぶ）」が成立することになる。

　教科の本質である「見方・考え方」から，指導内容の「縦」の系統と「横」の関係を改めて確認することで，新たなカリキュラムの創造が可能になる。そのためには，能力ベイスで学習指導要領という「意図されたカリキュラム」を確認して，内容ベイスの教材単元という枠を越えた新たな枠を描くことが期待されている。

[引用文献・参考文献]

・文部科学省「幼稚園，小学校，中学校，高等学校及び特別支援学校の学習指導要領等の改善及び必要な方策等について（答申）」（中教審第197号），2016年
・文部科学省『小学校学習指導要領（平成29年告示）解説　算数編』日本文教出版，2017年
・齊藤一弥「見方・考え方を基盤とした小学校算数のカリキュラム開発の考え方－カリキュラム・オーバーロードの要因－」日本個性化教育学会 第13回全国大会 分科会発表資料，2020年
・齊藤一弥「授業づくりの正念場－「主・対・深」をどう実現する」『新教育ライブラリPremier』（Vol.5）ぎょうせい，2021年
・齊藤一弥著『数学的な授業を創る』東洋館出版社，2021年

第9章—solution 6
中核概念による構造化と
社会科のカリキュラム開発・授業づくり

山形大学教授
江間史明

1 学びを深くすることと教科内容を網羅することの葛藤

2017年版学習指導要領は，各教科等で「深い学び」の実現を求めている。それは，「各教科等の特質に応じた『見方・考え方』を働かせながら，知識を相互に関連付けてより深く理解」することである。他方，社会科では，2008年版学習指導要領で加わった内容は，2017年版で基本的に維持されている。例えば，小学5年では，「世界の主な大陸や海洋，主な国の名称と位置」や「自然災害の防止」，産業学習の「価格と費用」などが加わった。この2008年版の内容や授業時数は，2017年版で基本的に変わっていない。子どもの学びをより深くすることが求められているのに，これまで通りの教科内容を終えることができるのか。ここには，社会科の広がりつつある内容（スコープ）を網羅することと子どもの学びを深くすることの間の葛藤を指摘できる。

この葛藤に対する処方箋の一つは，扱う内容を精選して減らすことである。社会科カリキュラムにどのトピックや事実を含ませて，どのトピックや事実を除くかを検討する。例えば，その学校段階の子どもに理解の難しい内容は上学年や上級学校に移行したり，内容の事例を選択できるようにしたりする。しかし，こうした内容の精選や選択は，知識を量的に捉えて減らしている点に特徴がある。社会科の「知識の構造図」を主張する北俊夫は，量的知識観を批判し，「事例を通して獲得した知識が，ほかの未習の事例や対象にも応用・転移される必要がある」と知識の質を問うことを述べている[1]。

小論は，そうした教科内容の質的検討として，アメリカの社会科研究者のヒルダ・タバを取り上げたい。タバは，教科内容を3つのレベルに分け，それらの知識の機能を考えて社会科のカリキュラムを構成している。3つのレベルの知識とは，

次のものである[2]。

特定の事実：基礎観念を形成・発展させる素材となる事実や実例である。例えば，政府の各部門の記述や年表に書かれた歴史事件の日付である。

基礎観念：ブルーナーが，教科の「構造」と呼んだものである。例えば，人間の文化と自然環境の因果関係について観念や，気候や土壌・自然資源がユニークな地理的環境を生み出すことについての観念である。

概念：一群の基礎観念を体系づけたものである。例えば，「相互依存」「社会変化」「差異」「対立」「協同」などの概念である。

　この3つのレベルのうち，「基礎観念」や「概念」の水準の知識が，「中核概念」にあたる。奈須正裕によれば，中核概念とは「教科等で学ぶ膨大な領域固有知識を（学習者が）手際よく構造的に整理することを可能にする概念」である（括弧は江間）[3]。では，この教科内容のレベル分けは，社会科のカリキュラム開発や授業づくりにどのような新たな視野を開くのか。以下，まず，小4社会の単元を事例にカリキュラム開発について検討し，次に中1社会地理の単元を事例に授業づくりの次元について考えてみたい。

2　小4社会「マンホールのふしぎ」の探究

　事例とする単元は，小4「水はどこから」の単元である（授業者：山田浩行）。単元の過程は，**図1**の通りである。この単元は，人間が使う水（上水）と使った水（下水）を一貫して扱う単元とした点に特徴を持つ。環境から水を取り出すのにも，使った水を環境に戻すのにも，人間の営みがあることを示している。単元11時間のうち，上水の方は，NHKの教育サイト「NHK for School」や市の副読本を用いて一定の知識を得られるようにして，下水の方で「見たこと作文」による探究プロセスを位置付けている。学習指導要領は，この単元を飲料水等の供給と廃棄物の処理という2つの小単元に分けている。供給については飲料水，ガス，電気から選択し，処理についてはごみ，下水から選択する扱いである。この扱いは，供給と処理の仕組みと働きという内容（コンテンツ）を理解することに重点がある。しかし，「環境負荷の軽減」といった基礎観念に注目すれば，扱う「特定の事実」を水に限定し，

第1次　上水道の水の出所を探る	
1（6/1）	水はどんな時に使っているのか。
2（6/3）	校内の蛇口の数調べをする。
3（6/5）	蛇口を起点に水道管のゆくえを探る。
4（6/9）	水道水はどのようにして届くのか？（ダム，浄水場など）
第2次　下水のゆくえを探る	
5（6/12）	汚水はどこに行くの？
6（6/16）	学校のマンホールの数を調べる。
7（6/22）	学校や家のマンホール調べをしたことを話し合う。
8（6/24）	汚水のマンホールにだけ模様がある理由を話し合う。
9（6/26）	どうやって汚水はきれいになるの？
10（6/29）	油で汚れた食器の処理方法について「環境への負荷」概念をもとに考える。
11（7/1）	雨水と汚水のマンホールに模様があることを話し合う。

図1　マンホールのふしぎ　単元の過程

この観念に迫る深い学びが可能になる。第2次で子どもたちは，下水処理場について教科書で知り，学校のマンホールを調べた。子どもたちは，マンホールの数の多さや模様があること，「うすい」「雨水」という文字に疑問を持ち始めた。そこで教師は「マンホールのふしぎ」をテーマに見たこと作文を書くようにした。

　多くの子どもは，マンホールの模様は地域の有名なものを描いているのではないかと考えた（東根市はさくらんぼ，山形市は紅花など）。一方，ST君は，次のような作文を書いてきた。

　　マンホールのもようについて気になったので調べた。東根には，やっぱりマンホールのもようはサクランボだった。インターネットで調べてみると，天気が書かれたマンホールがあった。ちいきのめいぶつではないんじゃないかな。

このST君の作文から，7時間目の授業で次のやりとりがあった。

　ST：インターネットで調べてみると，なんか外国のもよう……？　動物のコアラとか天気？　みたいな模様のマンホールがあって，……だから，模様は地域の有名なものだけではないって思いました。ゆきだるまとか太陽とか星空が描かれてるものもあった。
　SI：へのへのもへじのマンホールを見たことがある！

NM：でも，へのへのもへじも，もしかしたら地域に関係するかもよ。米とか。

YA：なんか私はマンホールはみんなを楽しませたいっていうか，もようがないと寂
　　しいからなんじゃないかなって思いました。

YH：地域の有名なものを伝えたい！　みたいなことだと思います。

HT：ちょっと疑問っていうか，うさぎ小屋のうらにさくらんぼのマンホールあった
　　のね。あんなところ誰も通らないでしょ。だから，みんなを楽しませたいとか
　　地域の有名なものとかはおかしいと思いました。

RO：気になったんだけど，私が見たさくらんぼのマンホールは，上に「ひがしね」っ
　　て書いてあって下に「おすい」って書いてあったのね。それがなんでかなって
　　いうか，汚水のマンホールだけにもようがあるのかなって思った。

　ROさんは，汚水のマンホールに模様が描かれてい
る事実を観察した。その事実から，汚水とマンホール
の模様が関係しているのではないかと仮説をたててい
る。8時間目は，この仮説を検証したNOさんの作文
で始まった。NOさんの作文は，次のものである。

　「おすい」のマンホールについて書きます。「おすい」のマンホールのもようを見ま
した。おすいとうすいのもようを見ると，「うすい」はそんなにめだつようなもようは
なく，「おすい」はサクランボのようなめだつもようがかいてありました。これは，た
ぶん「おすい」のもようは，見た人をよろこばせるためにあり，目立って「おすい」と
わかりやすいようにしてるんだと思います。

授業では，次のようなやりとりがあった。

RO：汚水って汚いイメージがあるじゃん？　それで，雨水の方は，汚れていないか
　　らなんかきれいなイメージがあるでしょ？　だから，汚いイメージをなくすた
　　めにあるんじゃないかなって思う。

ST：ぼくはRO君の意見に反対で，雨水も汚いと思うよ。だって，泥水とか……流
　　れているのみたことありますか？　ニュースで雨がいっぱい降った時に木とか
　　泥とかが川とか家に流れてて，あれって十分汚いですよね。だから雨水も十分
　　汚いと思います。

YA：でも，なんか汚水は汚いってみんなは言うんだけど，寂しいっていうか。汚水
　　だって下水処理場で処理されて，きれいにされて，私たちの生活を支えてくれ

> ている。それなのに汚いって思われてしまわないように，もようがついてるんじゃないかな。
> ＳＴ：でも，それだったら雨水も生活を支えてるんだからもようはあってもおかしくないんじゃないかなと思いました。

この話し合いの中で，ＲＯさんやＹＡさんは，生活を支えている汚水が汚いと思われないように模様があると考えている。しかし，ＳＴ君は，雨水も汚いし，雨水も生活を支えていると反論している。そして，雨水のマンホールに模様があってもおかしくないではないかと仮説をたてている。

そのあと，ＲＮさんが，下校中に，模様のついた雨水のマンホールを発見してきてしまった。この事実が帰りの会で紹介されると，子どもたちは驚いた。「んじゃ，結局，何のために絵が描かれているんだろう」「よく分からなくなってきた」という声があった。ＨＭ君は，市役所にマンホールの模様について聞きに出かけた。そこで，「すべり止め」と「地域の有名なものを伝える」ということを聞いてきた。11時間目に，ＨＭ君がこのことを紹介すると，次のやりとりがあった。

> ＹＳ：すべり止めなら，サクランボにする必要なくね？
> ＲＳ：地域の有名な物を伝えるのなら，うさぎ小屋のうらにあるマンホールは誰も見ないから違うんじゃないかなって思った……。
> ＲＯ：もう答えなんてないんじゃない！
> Ｔ：結局なんでなんだろうね。

教師は，この局面を次のように述べる。

「教師は，すべり止めという仮説に対して子どもたちの多くが納得すると想定していたが，そうならなかった。そのため，どう投げかければよいか分からない状況に陥ってしまった。結果，ＲＯさんの『もう答えなんてないんじゃない！』という言葉が象徴するように，解決策が見つからない混沌とした状況のまま単元を終えてしまった」[4]

この事例には，次の２点を指摘できる。第一に，子どもが事実の観察と仮説を繰り返して探究を進めている点である。子どもは，マンホールの「おすい」の文字に

注目し，下水処理施設という点から絵の模様の意味をはっきりさせようとした。しかし，「うすい」の文字のあるマンホールの発見で，その探究がゆらぐ。そこで市役所に話を聞きに行く子どもが出てきた。子どもたちの探究には，着実な勢いがあると言える。

　第二に，こうした探究が，混沌としたまま収束したことである。市役所で聞いていた「すべり止め」と「地域の有名なものを伝える」という内容も，子どもたちがすでに観察した事実と整合しない。すべり止めだとすれば，さくらんぼの絵である必要はないこと（摩擦抵抗があれば，模様は何でもよい），有名なものを伝えるとすれば，誰も通らないところにあるのはおかしいこと（うさぎ小屋の裏）。これらは，実質的で真っ当な推論と言える。いずれにしろ，下水処理施設としてのマンホールとの関連は不明のままである。とすれば，「もう答えなんてないんじゃない！」という発言が出ても不思議はない。だが，逆に言えば，この発言は，探究すれば答えがひとつ出てくると子どもも教師も期待していたことを示している。ところが，事実は，それほど単純ではなかった。では，教師は，この局面でどう支援できたのか。

3　社会科のカリキュラム開発と基礎観念の機能

　マンホールは，社会科で扱う「特定の事実」である。それは，①「おすい」「うすい」の文字があり，②みぞや凹凸がつけられ，③絵の模様を描いたモノである。事例の単元で子どもたちが探究したことを，タバの教科内容の3つのレベルで分析すると，**図2**のような基礎観念や概念を析出できる。**図2**によれば，マンホールという素材は，3つの基礎観念から位置付けることができる。①環境負荷を低減させる施設として，②地域社会の安全を確保する設備として，③地域活性化のための工夫として見ることができるのである。一つの素材に一つの基礎観念が対応すると決まっているわけではない。マンホールは，3つの基礎観念を学べる，いわば「一石三鳥」の素材と言える。

　このように，基礎観念は，ある素材をどういうものとして見るかを定める働きを持つ。**図2**を用いれば，「マンホールのふしぎ」の単元終末の混沌とした状況は，次のように説明できる。下水道の学習で，子どもは，A-2の基礎観念からマンホールを捉えていた。しかし，子どもは，C-1の事実に着目した。それをA-1の事実を介

特定の事実	基礎観念	概念
A-1　おすい，うすいの文字。汚水や雨水を運ぶ管。	A-2　人間は，環境から水を取り出して生活や産業に利用し，その使用水を環境に負荷を与えないように処理して環境に戻す。社会は，そのような施設を公的に備えている。（環境負荷）	A-3 人間と環境との相互依存 (interdependence)
B-1　みぞや凹凸。すべり止め（雨天にバイクや自転車が滑らない）	B-2　安全な暮らしをするために，地域社会は，施設や設備を整備したり，火災や事故に備えたりしている（安全の確保）	B・C-3 人々の協同による問題の解決 (cooperation)
C-1　絵の模様。地域の有名なものを描いたデザイン	C-2　地域社会は，特色ある町づくりや観光などの産業の発展に協力して努めている（地域活性化）	

図2　マンホールが担う教科内容の3つのレベル

してA-2の基礎観念と関連づけて意味づけようとして行き詰まった。市役所で聞いた話は，B-1とC-1の事実を示した。しかし，子どもたちは，これまで調べた事実と整合的に関連付けて解釈できなかった。

　ここで，この局面で，教師がどのように支援できたか。2点指摘したい。

　第一に，ある素材がどのような基礎観念や概念の形成・発展に寄与するかを検討することである。事例の単元で，教師は，A-2の基礎観念やA-3の概念を想定している。しかし，B-2やC-2の基礎観念やB・C-3の概念を視野に入れていない。これらを視野に入れることで，下水道単元のマンホールは，地域の安全を守る単元や，特色ある地域を考える単元で扱う基礎観念に子どもがアクセスすることを可能にする。さらに，子どもは，一つの社会的事象をどういうものとして見るかが多様であることを学ぶことができる。これは，マンホールを一つの事例として，社会的事象を「多角的に見る」という社会科固有の「考え方」（対象への迫り方）を学ぶことを意味する。

　第二に，教師の具体的な支援としては，探究が行き詰まったところで，教師から，マンホールのふたのバリエーションを豊富に示すことができる。例えば，マンホールをみぞと見るような幾何学模様のものや，絵の模様に色をつけたカラーデザインのものである。「おすい」や「うすい」の文字は，ふたにある場合もない場合もある。これらのマンホールを観察・比較して共通点と相違点を整理する。その際，教師から**図2**の3つの基礎観念を示して，子どもに分類することを求めることができるのである。

　このように，下水道施設と見ていたマンホールを，地域の安全や活性化という別の文脈で捉えられた時，事実の新たなつながりが見えてくる（例えば，マンホールと信号機やカーブミラーは同じ働きをしているなど）。これは，ある事実とほかの事柄との連関性をつかみとっていくことである。これが，知識の構造化という思考の実質と言える。以上のように，マンホールという素材は，基礎観念の設定によって，"less is more"（少なく学ぶことがより多くを学ぶこと）の一つの事例と見ることができるのである[5]。

　これまでの検討を整理しよう。タバ社会科の教科内容のレベル分けの観点から，社会科カリキュラムの教科内容は，次の2点から定めることができる。

　第一に，理解を明晰にするのに必要な「基礎観念」や「概念」を含んでいることである。これらが決まれば，それらを形成・発展させるような「特定の事実」を選択し組織できる。事実は，いわば「考えるための食料」である。事実そのものに，すべての子どもがその内容の詳細を正確に習得しなければならないという意味での「基礎基本」の意味はない。検討した事例で言えば，環境負荷，安全の確保，地域活性化といった基礎観念や，「人間と環境との相互依存」「人々の協同による問題の解決」といった概念である。概念は，多学年間の内容を織り合わせる働きを持つ点に特徴がある。例えば，「人間と環境との相互依存」は，小5社会の単元「国土の自然環境と国民生活の関連」の「公害の防止」に関連する。公害は，水俣湾への有機水銀の排出など，産業活動によって環境に過大な負荷を与え，人間の健康や生活に被害を与えたものと見ることができる。このように，異なる内容を，同じ基礎観念や概念で繰り返し学ぶことで，子どもによる知識の構造化を促すことができる。

　社会科カリキュラムの内容を定める第二の道筋は，基礎観念や概念を理解する過程で陶冶される，社会科固有の「認識や表現の方法」を示すことである。検討した事例でいえば，マンホールをどういうものとして見るかといった，社会的事象を「多角的に捉える」迫り方である。このほかにも，論理的な論証の手続きや一般化の方法，意思決定や態度をあげることができる。

　タバは，社会科カリキュラムにおける基礎観念の働きについて次のように言う。

　「基礎的な諸観念は，より広い範囲の教材を統制し，諸事実間の関係を組織し，そして，学習者の洞察と理解のための文脈を提供するのである」[6]

　次に問題になるのは，ここで言う文脈をどのように提供するかである。教科内容を3つのレベルで整理したとしても，教師が構造化した内容を順序よく教えれば，

子どもの思考が構造化していくわけではない。次に，中学1年社会科地理の単元を事例に，子どもの知識の構造化を促すような学習の文脈づくりについて考えてみたい。これは，授業づくりの次元での検討になる。

4 「ブラジル・ベロモンテダム建設問題」（中1地理）と学習の文脈づくり

単元での学習の順序は，通常，はじめに事実的な知識の習得に努力を集中し，そのあとに基礎観念やより高次の思考機能を発展させると捉えられている。しかし，教科内容のレベル分けの考え方は，事実から観念へと時間順で学習が進むと捉えない。ある特定の事実に出合った瞬間に，子どもは直観的に思考し，ある基礎観念の形成に向かっていると捉えるのである。文脈づくりの課題は，この最初の直感的な把握をより精緻で構造的な理解に達するように導くことである。ブルーナーは次のように言う。

「基礎的な諸観念を自由にあやつったり，効果的に使用できたりするためには，徐々により複雑な形でそれらの諸観念を使えるように学習することによって，これらの諸観念の理解をたえず深めることが必要である。…（略）…観念の直感的把握とそれらの観念を使うことに重点を置いて，教科を教えるようにデザインしなければならない」[7]

ここでブルーナーは，子どもが基礎観念を直感的に把握する機会とそれを使うことを促すような問題解決の文脈を用意することを述べている。では，そうした文脈をどのように用意するのか。単元「大統領を説得せよ！ ブラジル・ベロモンテダム建設問題」（授業者：関東朋之）で考えてみよう。この単元の構成（6時間）は，次の通りである[8]。

---

1 南アメリカ州の自然環境の特色（1）
2 南アメリカ州の農業と工業の特色（2）
3 アマゾン川流域の森林保護を考えよう（3）
　ベロモンテダム建設問題（4,5）
4 南アメリカ州の文化の成り立ち（6）

　南アメリカ州を扱う単元で，熱帯雨林の減少を素材に，経済発展か環境保全か（もしくはその両立をどう図るか）をテーマとする実践はこれまでもある。本単元は，ブラジルのベロモンテダム建設の是非という具体的な事実を取り上げ，大統領という政策決定者を位置付けた点に特徴を持つ。ベロモンテダムの授業（2時間扱い）の問題状況は次のようなものである。

　「ブラジルにベロモンテダムというダムが建設されようとしています。完成すれば世界第3位の大きさを誇る巨大ダムになり，主に水力発電に活用されます。しかし，ダム建設にあたっては，建設反対の声も多く，建設がストップしています。グループでブラジル大統領を1名選び，それぞれの立場からブラジル大統領を説得しよう」

　ベロモンテダムの1時間目は，グループ（生徒5〜6人）で，電力会社，ダム建設現場の近くに住む人（以上推進派），先住民，地球環境NGOの人（以上反対派），ブラジル大統領の各役割を決めた。そして，各々の立場の資料を整理し，大統領を説得する準備を行った。ここで登場する人物は，ダム建設が誰にどんなメリットやデメリットがあるかを示している。電力会社と地球環境NGOの対立は，ブラジル一国の経済成長と世界レベルの環境保全との対立を示している。ダム建設の近隣住民と先住民の対立は，安定した雇用の確保と伝統文化の保持や経済成長と異なる価値との対立を示している。

　2時間目は，次の2つのラウンドで進行した。

　ラウンド①：電力会社→先住民→近くに住む人→地球環境NGOの順で大統領を説得（13分）。大統領1回目の判定（1分）。作戦タイム（3分）。

　ラウンド②：フリートークで大統領を説得（5分）。大統領最終判定（2分）。各グループの判定と理由の発表（10分）。ふり返りを書いて共有（12分）。

　ここで大統領は，各々の立場からダム建設を見た上で，公の決定をして判定理由を明らかにする役割である。「よいこともよくないこともあると分かった」というような他人事ですませることはできない。迷いや葛藤を持ちつつ，社会的決定として意思決定をする態度を培う場になる。

　2時間目のあるグループのやりとりは，次のようなものであった。

　ラウンド①では，推進派と反対派から交互に論点が出て，白熱していく。推進派からは，ブラジルの経済成長と電力の必要性，9万6000人の生活を支える雇用創出，貧困層の減少，大統領支持率上昇への期待などの論点が出る。反対派からは，1万

6000人の原住民の立ち退きと文化消滅の恐れ，森林破壊による二酸化炭素の放出，ブラジルだけの問題ではないことや地球温暖化への影響の論点が出てくる。

1回目，大統領役のY君は，「難しいな」と言いつつ次のように判定した。

> やっぱり，私としては，ブラジルは経済成長の急場だから賛成。（歓迎と抗議の声に）はいはいはい，やっぱり環境は分かるけど，ブラジルの立場としては，経済発展していくのが大事だと思うから。それを考えると，うーん，先住民はいるかもしれないけど，やっぱり経済発展が大事なんじゃないですか。

Y君は，この段階では落ち着いていた。だが，ラウンド②のフリートークで互いの争点を検証し，判断基準が錯綜してくると，Y君は，シートにやりとりを記録しながら，「あー」「うーん」と何度もつぶやくことになる。

ラウンド②では，推進派は，雇用が生まれれば，今まで木を切っていた人が生活のために木を切る必要がなくなり，森林も減らないとする。反対派は，ダム建設で森林が一気に減ると反論。加えて，この問題が地球規模の話で，ブラジル一国の話ではないこと，大統領は経済発展と言ったけど，経済発展は途中で止まる（いつまでも続くようなものではない）ので，今の時点で経済が発展していれば（あらたに）そんなダムを作らなくてもいいと主張した。推進派は，地域の人のことを考えたら，今，貧困な人がいるのだから，どんどん経済に勢いをつけないといけないと再反論した。反対派は，「（そうして）地球を滅ぼしていいのかということですよ。ブラジルだけじゃなくて，日本とかも世界には国があるんですよ」と主張。ここで時間がきた。

大統領役のY君は，「えっ，もうわからない。えー？？」と言いながら眼鏡をはずして頭をかかえた。「やー，難しいな本当，判定やばい」と，記録シートに向き合って考え，話し始めた。

> やっぱり，今の時点での，ブラジルの置かれている地球への影響を考えると，うーん，やっぱ反対。（歓迎と驚きの声）やっぱ主な理由は，ブラジルは世界に影響を及ぼすから，今，ブラジルが置かれている立場を考えると，やっぱり反対の方が最終的にこれからの社会にどんどんつながってくると思うから。発展も大事かもしれないけど，原住民の文化とか地球環境を守ることの方が，今の社会の成長には必要だと思います。

グループ内から「おー」と感嘆の声があがる。推進派の生徒からも「すばらしい

大統領だ」の声があった。Y君は反対だったが，各グループの判定では，推進とした大統領役の生徒もいた。授業の最後に，教師が次のように説明した。

「これだけ議論してもらって申し訳ないですけど，ベロモンテダムですね，去年できちゃったんです。（えっ，えーの声）裁判で建設差し止めとかあったんだけど，結局，できちゃった。まあ，開発を優先したということになるのかな。次回，グーグルアースで見せたいと思います」

5　生徒の思考における学習の連続性と文脈づくりの課題

次に生徒の思考を，教科内容のレベル分けから検討してみよう。

大統領役のY君は，1回目の判定で，ダム建設を経済発展と環境保全の対立と見ていた。そして，「ブラジルの立場」から経済の現状を見てダム建設に賛成とした。推進派の出す事実と反対派の出す事実の衝突を眺めて直感的に判定している。特定の事実のレベルの判断とみることができる。

ラウンド②のフリートークでは，推進派と反対派が争点を互いに検証し，2つの判断基準が現れてきている。一つは，ブラジル一国で考えるか，それとも世界全体で考えるかという基準である。もう一つは，ダム建設を今の経済成長という短期的な射程で考えるか，それともこれからの社会の成長という長期的な射程で考えるかという基準である。判断基準の選択に正解はない。大統領役のY君が頭をかかえるのも当然と言える。

最終判定では，Y君は，ダム建設に反対とした。その理由は次の2点である。「ブラジルは世界（環境）に影響を及ぼすから」と「反対の方が最終的にこれからの社会にどんどんつながってくると思うから」である。ここでY君は，特定の事実のレベルから，その事実をどう見るかという基礎観念や概念のレベルの思考に進んでいる。こうした自分の思考について，Y君は，ふり返りで次のように書いている。

どちらの意見にもメリット，デメリットがあるわけで，そのかね合い（だきょう）が大変だった。経済発展か，環境か。ブラジルの世界的な役割を考えると，反対の方が今後の持続可能な社会を築いていけると判断した。改めて環境保全の大変さを知った。経済発展も大事だが，私たちの世代のみではなく，2～300年後かその先の私たちの子

> 孫のことも考えて，今の地球を守ってあげたいと思う。そして，次の世代へひきつい
> でいきたい。

　Y君は，最終判定のときの思考を，「ブラジルの世界的役割」と「持続可能な社
会」という言葉であらためて表現し，明確にしている。
　一方，大統領の説得にまわった生徒の思考はどのようなものだったか。例えば，
電力会社役のHさんである。Hさんは，ふり返りで次のように書いた。

> 　色々な立場で考えることで，様々な考え方が見えてきた。大統領が環境を選んだ理
> 由の中で，「持続可能な社会」と「世界の環境」というのがあった。ブラジルの問題
> が世界の問題になるのはさけた方がよいと思った。けれど，賛成派も，ブラジルの良
> い所はしっかり良いようにつなげていくという前向きな考えだと思う。ブラジルが
> 発展途上国から抜け出せる。どちらにも，メリット，デメリットがある。地球環境
> NGOさんの意見が，がんの治療薬や地球温暖化についての意見だった。医療の発展
> が進まなくなってしまうという意見に反論することができなかった。
> 　私は最終的には反対派だ。国単位だった問題が世界単位の問題になってしまう。一
> 人はみんなのために，日本にもそのような考え方が必要だと感じた。化石賞1位の日
> 本が，これからどうしていくべきなのか，しっかり考えてみたいと思った。

　Hさんのふり返りには，次の3点を指摘できる。第一に，「見えてきた」という表
現が特徴的である。この授業で，Hさんは，推進派や反対派，大統領の判断の錯綜
したやりとりに巻き込まれている。その中で，自ずから「見えてきた」「気付かされ
た」世界があるということである。第二に，決定者たる大統領役の判断基準を的確
に捉えて，吟味していることである。「持続可能な社会」と「世界の環境」という点
である。その理由からすれば，「反対」という判断はありうると受け止めている。た
だし，賛成派も誤っているわけではなく，その主張に「理（ことわり）」があるとし
ている。その議論でいえば，賛成派の自分が，反対派の主張に十分反論できなかっ
た点があることを指摘している。第三に，このように「見えてきた」世界において，
「私」という主体＝主語が，ベロモンテダム建設をどう判断するかを最後に述べてい
る。一国単位ではなく，世界単位という広がりの中で判断したということである。
そうすると，日本も，その「世界単位の問題」に向き合っていることが見えてくる。
「化石賞1位」とは，日本が石炭火力発電の依存度が高く，地球温暖化対策に消極的
であると批判を受けたことと解釈できる。そうした日本の具体的な状況を，ベロモ

ンテダム建設を「世界単位の問題」とする捉え方から関連づけて，自分の問題意識を高めているとみることができる。

　以上の生徒の思考と単元のデザインから，次のように本単元の教科内容のレベルを整理することができる。

特定の事実	基礎観念	概念
ベロモンテダム建設について推進派と反対派の各々の主張と根拠	・一国が環境を利用し開発することは，世界全体の環境に影響を与える。 ・現在世代の環境の利用や開発は，未来世代の生存条件に影響を与える。 ・社会の成長は環境保全と統合できる（開発か環境かの二項対立ではない）	各国の相互依存 (interdependence) 世代の差異と対立 (differences) (conflict)

図3　ベロモンテダム建設問題が担う教科内容の3つのレベル

　生徒がこれらの基礎観念を学んだ本単元の学習について，次の2点の学習の連続性を指摘できる。第一に，観念を単純で直感的な水準から複雑で汎用的な水準へと発展させている学習の連続性である。例えば，本単元でY君は，はじめブラジル一国の経済成長か環境保全かという単純な二項対立の捉え方であった。しかし，推進派と反対派の争点を検証することで，各国の相互依存や世代間の差異や対立を含む複雑で汎用的な理解に進んでいる。第二に，ダム建設の判断の理由について，事実の直感的な選択による判定から事実を意味づける判断基準を用いた判定へと発展させている学習の連続性である。後者は，「国単位か世界単位か」「短期的な長期的か」という2つの判断基準にそった意思決定を行うものである。この判断基準を用いることで，生徒は，この単元で学んだ基礎観念を使う範囲を広げている。例えば，Hさんは，ブラジルのベロモンテダムで学んだ内容を日本の具体的な状況に関連づけ，石炭火力発電への依存という日本が直面する課題を見出している。

　以上のような学習の連続性を促す文脈づくりには，何が必要か。2点指摘したい。

　第一に，生徒が基礎観念や概念に直感的にアクセスできるような具体的で特殊な事実を組み込むことである。本単元では，ベロモンテダム建設問題を取りあげ，そこで議論の対立軸を想定して登場人物を設定している。議論が白熱するに従い，現実に起こりうる混沌とした状態に生徒が巻き込まれていったと見ることができる[9]。

　第二に，生徒の最初の直感的な把握を複雑で汎用的な理解に導くように学習の文脈をデザインすることである。本単元では，政策決定者として大統領を位置付けた。

142

推進派と反対派は大統領を説得し，大統領は推進派と反対派が納得するように判定しなければならない。説得のためには，事実を整え重みづけする判断基準を明晰にすることが求められる。事実の意味を問うように学習の文脈を構成するのである。

　以上の検討から，基礎観念や概念にてらして学習の文脈をつくるのに必要な具体的事実に焦点をあてることの重要性が明らかとなった。この観点から，社会科カリキュラムに含まれるトピックや事実を限定していくことが，小論の冒頭に述べた葛藤を解決するもう一つの方法と言える。

[注]

1　北俊夫「新指導要領の"選択"と基礎基本の押さえ方」『社会科教育』512号，明治図書，2002年，p.42。知識の構造図については，北俊夫著『"知識の構造図"を生かす問題解決的な授業づくり―社会科指導の見える化＝発問・板書の事例研究』明治図書，2015年。
2　Taba,H., Curriculum Development -Theory and Practice-, Harcourt, Brace & World, 1962
3　奈須正裕著『次代の学びを創る知恵とワザ』ぎょうせい，2020年，p.120。
4　山田浩行「探究における事実の観察と仮説の示唆―小学校社会科の単元『市の下水とごみ処理』の開発を通して―」『山形大学大学院教育実践研究科年報』12号，2021年，p.223。
5　図2を，地域の安全を守る単元や特色ある地域を扱う単元の冒頭で示せば，その単元を扱う事実をどういう視点で扱うかを示すことができる。
6　Taba, op.cit.,1962, p.177
7　Bruner,J., The Process of Education, Harvard University Press,1960,p.13, 鈴木祥蔵・佐藤三郎訳『教育の過程』岩波書店，1963年，p.16（小論の訳は江間による）。
8　本単元の授業は，2020年2月に，山形大学附属中学校で実践された。
9　ベロモンテダム建設問題は，図3に示す概念や基礎観念に生徒が迫りやすい「特定の事実」である。この事実を素材に生徒が図3の概念や基礎観念を形成すれば，他の単元で扱う事実（オセアニア州の海面上昇やヨーロッパ州の環境問題）をそれらの概念や観念から位置づけて比較する学習が可能になる。各々の単元でその概念や観念をその都度形成する必要はなくなる。

第10章—solution 7

英語科におけるカリキュラム・オーバーロードの構造・現状・方策

上智大学教授

池田　真

1　はじめに

　手元に同じ出版社から発行された 2 冊の検定教科書（中学校 3 年生用）がある。一冊は旧学習指導要領（平成20年告示）に基づくものであり（笠島他，2016），もう一冊は新学習指導要領（平成29年告示）に準拠したものである（笠島・阿野・小串・関他，2021）。厚さこそ150数ページと変わらないが，後者は縦が 4 センチ長いフルサイズのＡ 4 判となった上，活字が小さくなり行間の幅が狭くなった。それにより，ページ全体のホワイトネス（何も印刷されていない白い部分）が減り，内容がぎっしり詰まっている印象を受ける。まさにカリキュラム・オーバーロードである。

　今回の学習指導要領では，「社会に開かれた教育課程」を実現すべく，目標（情報活用能力の育成），方法（いわゆるアクティブラーニング），内容（資質・能力の明確化）に大きな変更が加えられ，その改訂は「量も質も」と評せられる。英語科は特にそれが顕著である。象徴的な事象として，量の増加を中学校の新出単語数で示すならば，旧課程（平成20年版）では1200語であるが，新課程（平成29年版）では1600~1800語となった。これに加え，新課程で教科化された小学校の外国語科（英語）で学ぶ600~700語（中学校での新出単語にはカウントされない）を合計すると，最大で2500語が 3 年間の教科書に登場することになる。単語数に限って言うならば，英語科の学習量は倍増したことになる。

　本章では，英語科におけるカリキュラム・オーバーロードの原因と現状と対策を論じる。具体的には，まずは外国語教育におけるカリキュラム・オーバーロードの構造的必然性を明らかにし，次にそれがどのように新学習指導要領および検定教科書に影響しているかを考察し，最後に短中期的・現実的に過積載となった教科書を

どのように教えるかを考えたうえで，長期的・理想的に指導法のみならず目標や内容の再検討も含む発展案を提案したい。

2　英語教育における
　カリキュラム・オーバーロードの構造的原因

　外国語教育において，カリキュラム・オーバーロードは必然である。早い話が，語学習得の大原則として，インプット（聞く・読む）とアウトプット（話す・書く）の量が多ければ多いほど上達する。それに加え，方法論として，英語教育は新しい指導法を取り込むことに機敏であるため，どうしても学習の内容や活動が高度化し複雑化する。本項では，そのような習得，指導，内容におけるカリキュラム・オーバーロードの構造的原因を明らかにする。

⑴習得論（SLA）に根差す原因

　第二言語習得（Second Language Acquisition）がいかにして生じるかについては，いくつかのモデルがある。ここでは代表的な４つのモデルを取り上げよう。１つ目は，認知主義（cognitivism）と呼ばれるもので，外国語の習得も一般教科の学びと同じく，意識的かつ明示的に勉強することにより行われる，という考えである。端的な例としては，文法規則を理解してから練習問題を解いたり，単語を訳語や例文を使って暗記するといった伝統的学習がある。２つ目は，行動主義（behaviourism）と言われるもので，発音，表現，構文，会話をパターン化して，口頭により繰り返し練習することで定着させる方法である。３つ目は，生得主義（innativism）と名づけられたものである。これは，人間には生まれながらにして言語獲得装置（Language Acquisition Device）が備わっており，それを活性化するには大量の意味あるインプットを与えなければならないとする説である。この仮説は，多読指導（興味がある内容の簡単な本を習慣的にたくさん読む）の理論的基盤となっている。そして４つ目が，社会文化理論（sociocultural theory）に基づくもので，言葉を他者とのやり取りで用いることにより，言語力が育つとされる。

　学校での英語教育はこの４つの組み合わせで行われる。単語や文法を学ばせ，声

に出して何度も反復させ，英語をたくさん読んだり聞いたりさせ，ペアやグループ
で使わせる。どれもが英語習得には欠かせないため，それぞれの素材や活動で教科
書は大盛りとなり，過積載が起こる。かくして，外国語学習には宿命的にカリキュ
ラム・オーバーロードがつきまとうことになる。

⑵指導論（メソッド）に根差す原因

　英語教育におけるメソッドやアプローチを細かく分ければ10にも20にもなるが，
巨視的に見れば３つである。それらは，主流の教育学における学習論や方法論と同
じく，それまでのパラダイムを転換することで発展してきた。最古のものは文法訳
読法（Grammar Translation Method）である。中世のラテン語教育を引き継いだも
ので，価値ある内容の文献を読み解くために，体系的に文法や語彙を学び，外国語
の文を自国語に，自国語の文を外国語に訳すことで，言語構造の理解や定着を促し，
読解力の育成を目指す。これにより４技能の基礎となる英語力が身に付くと考える
向きもある。20世紀に入ると，学習の目標が音声による意思疎通となり，目標言語
のみを用いて，重要な文構造や発音のパターンを，口頭で徹底的に反復することが
広まった。これはオーディオリンガリズム（audiolingualism）と呼ばれる。そのよ
うなパターン化された機械的学習に対する反動が1970年代に起き，コミュニカティ
ブな語学教育（CLT：Communicative Language Teaching）が台頭することとなっ
た。そこでは，学習の主体は生徒自身にあるとされ，ペアやグループで自分自身の
ことや意見を自由に表現することが，言語活動の中心となった。
　以上の指導論と先の習得論は不可分に結びついている。文法訳読法は認知主義に
基づき，オーディオリンガリズムは行動主義を根拠とし，CLTは社会文化理論を背
景としている。ここで重要なのは，新しい方法論により古いものが駆逐されること
はなく，そのまま存続していることである。例えば，今でも，新出文法には文法訳
読式の解説や問題が与えられ，その文法構造や特定の発音および表現はオーディオ
リンガリズムで練習をし，CLTによるペアワークやグループワークでコミュニケー
ション活動を行う，ということが行われている。つまり，新旧の方法論が併存して
いるため，それぞれの教え方に基づく学習活動が設定され，カリキュラム全体が過
密となるのである。

⑶内容論（シラバス）に根差す原因

　外国語習得のための内容選定と配列の方法（シラバスデザイン）には主に次の5つのタイプがある。
①文法シラバス（grammatical syllabus）
　品詞，文型，時制，関係代名詞など，文法形式に基づくもの
②機能シラバス（functional syllabus）
　依頼，提案，同意，招待など，言葉が果たす役割に基づくもの
③場面シラバス（situational syllabus）
　空港，ホテル，郵便局など，言葉が使われる場面に基づくもの
④技能シラバス（skill-based syllabus）
　文書の読み方，小論の書き方，発表の仕方など，言語技法に基づくもの
⑤話題シラバス（topical syllabus）
　環境問題，人権保護，科学技術など，テーマに基づくもの

　市販教材には，受験用文法問題集（①文法シラバス），旅行用英会話書（③場面シラバス），留学用エッセイ・ライティング教本（④技能シラバス）など，1つに特化したものもあるが，英米の出版社が出しているグローバル・コースブック（世界中で使われる教科書）や日本の検定教科書のような教室での使用を想定した総合教材は，①～⑤のほとんどを組み込んだマルチシラバスになっている。典型的には，各章ごとに，あるテーマのリーディング素材があり（⑤話題シラバス），そこに出てくる文法，語彙，発音などの練習問題があり（①文法シラバス），ある状況や場面における（③場面シラバス）特定の意味の伝達（②機能シラバス）を目的とした対話例と言語活動（④技能シラバス）がある，という複合的な構成になっている。このマルチシラバスによる教材づくりも，語学教育においてカリキュラム・オーバーロードを引き起こす必然的誘因となっている。
　以上のように，英語科のカリキュラムは，習得論，指導論，内容論の3方面から，肥大化する構造になっている。次項では，その視点を通して，新課程の学習指導要領とそれに準拠した検定教科書を分析する。

3　新学習指導要領と教科書における
カリキュラム・オーバーロードの現状

　外国語科の新学習指導要領を貫く「外国語によるコミュニケーションにおける見方・考え方」は，以下のように定義されている（下線は筆者）。

外国語で表現し伝え合うため，外国語やその背景にある文化を，社会や世界，他者との関わりに着目して捉え，コミュニケーションを行う目的や場面，状況等に応じて，情報を整理しながら考えなどを形成し，再構築すること。

（文部科学省，2018）

　ここにすでに，カリキュラム・オーバーロードを引き起こすマルチシラバスの主要素が含まれている。「外国語で表現し伝え合う」には，文法シラバスや技能シラバスにより言語知識や言語技能を獲得する必要があり，「外国語やその背景にある文化を，社会や世界，他者との関わりに着目して捉え」るには，話題シラバスによる異文化理解や国際理解が不可欠であり，「コミュニケーションを行う目的や場面，状況等」に応じるには，場面シラバスや機能シラバスを組み込む必要がある。また，「情報を整理しながら考えなどを形成し，再構築する」には，伝統的な語学シラバスにはない思考シラバス（例えば，ブルームの思考分類にある，暗記，理解，応用，分析，評価，創造のような思考表現活動）も意識しなければならない。

　以上のように，新学習指導要領はカリキュラム・オーバーロードを原理的に内包している。以下ではその中身を，言語知識（語彙，文法，発音など）と言語技能（読む，聞く，書く，話す）に分け，先に示した，習得論，指導論，内容論の観点から見ていく。なお，分析の対象とするのは，中学校の学習指導要領と教科書である。中学校英語に絞る理由は，小学校英語は今回の改訂で初めて教科化されたため新旧の比較ができず，高校英語は複数の科目に分かれているため議論が複雑になるためである。

(1)言語知識

　言語知識とは，語彙，文法，発音，談話（一定の内容に関するひとまとまりの会話や文章）といった言語を構成する仕組みのことである。そのうち，特に中学校での学習の中心となるのは，言語構造の中核となる語彙と文法である。新しい学習指導要領では，その両者の学習負担が激増している。

　語彙から見ていくと，冒頭で述べたように，今回の学習指導要領の改訂では，語彙数が1200語から1600~1800語程度に増えた。これに小学校で学ぶ600~700語程度が加わるので，中学校の教科書に登場する総単語数は2200~2500語程度と倍増することになる。また，高校も1800語から1800~2500語程度へと増えたため，高校卒業までに学習する総語彙数は，旧課程の3000語から，新課程の最大5000語程度になる。この中学卒業時までに2500語程度，高校卒業時までに5000語程度という数字には根拠がある。と言うのは，主要な英語語彙学習研究において，最も使用頻度の高い語彙は2000語程度ないし3000語程度であり，それを学習目標とすることが推奨されているからである。また，英語で書かれた文章を辞書なしでそれなりに読めるには，5000語程度の語彙数が必要であるとされている。

　次に文法を見ていこう。新しい学習指導要領では，9つもの文法項目が高校から中学校に下りてくることになった。具体的に列挙してみよう（例文は文部科学省2018からで，下線は筆者）。

- 感嘆文のうち基本的なもの（How interesting! / What a big tree!）
- 主語＋動詞＋間接目的語＋ that 節で始まる節／what などで始まる節
  （I'll show you that this is not true. / Please teach me what I have to do now.）
- 主語＋動詞＋目的語＋原型不定詞（Will you let me try?）
- 主語＋ be 動詞＋形容詞＋ that で始まる節（I'm glad that you like it.）
- 接続詞（and, but, or, that, if, when, because, as, than など）
- 助動詞（can, must, may, should など）
- 前置詞（on, in, at, for, to, from など）
- 現在完了進行形（It has been raining since this morning.）
- 仮定法のうち基本的なもの（If I were you, I would ask my friend to help me.）

　前述のとおり，中学校の教科書はマルチシラバスを採用しているが，全体の柱となるのはやはり文法である。1年生だと，動詞（一般動詞とbe動詞）→疑問文→疑問詞（what, who, how, where, when）を使った疑問文，といった体系的文法学習の流れが最初に設定され，次いで各文法項目ごとに技能，場面，機能，話題を巻き付ける構成となっている。したがって，扱う文法項目が増えることは，教える側と学ぶ側の両方にとって，甚大な負担となる。特に，現在完了進行形と仮定法は，概念自体が日本語にないものであり，鈴木（2020）によると，冠詞や後置修飾（前置詞句，分詞，関係代名詞）と並び，「日本語話者が自由自在に使いこなすには極めて難しい文法項目」とされる。

　では，カリキュラム・オーバーロードの根源たる語彙数と文法項目の増加は是であろうか非であろうか。習得論としては，動機付けなどの心情面を別にすれば，是である。なぜならば，新出の単語や文法は，教科書の本文や会話文と，それらを音声化した教材や教師の発話により与えられるため，読むことと聞くことによるインプット量が増えるからである（生得主義）。また，それに即した新たな言語活動の設定により，他者とやり取りする機会も増加することになる（社会文化理論）。

⑵言語技能

　一般的に，言語技能とは，聞く，読む，話す，書くの4技能を指す。新学習指導要領では，話すを「やり取り」と「発表」に分けたため，言語技能は4技能5領域となった。そして，その指導に際しては，「日常的な話題」だけでなく「社会的な話題」について，読んだり聞いたりし，それを用いて，「事実や自分の考え，気持ちなどを」書いたり話したりすることが目標とされる。また，「授業は英語で行うことを基本とする」ことも新たに明文化され，言語活動で扱う題材として，「国語科や理科，音楽科など，他の教科等で学習したことを活用したり」といった教科横断型の工夫も求められている。

　このような，従来の学習指導要領の改訂には見られなかった踏み込んだ記述の理論的背景は，次のように説明されよう。習得論としては，英語のみでのやり取りを念頭に置いた授業を行うことにより，言語習得に不可欠なインプットの量が増え（生得説），インターラクションの機会が増える（社会文化理論）。また，内容論としては，4技能5領域を統合する技能シラバスが充実することになり，日常的な話題，

社会的な話題，他教科の学習内容の取り込みにより，話題シラバスが以前よりも重要となる。

　次項では，以上の学習指導要領の改訂により，検定教科書が具体的にどのように変わったのかを見ていこう。比較の対象として取り上げるのは，中学校の英語科で最も採択率が高い *New Horizon English Course 3*（東京書籍）の旧版（平成28年発行）と新版（令和3年発行）である。

⑶新旧教科書の比較

　中学校英語の場合，3年生の最後の単元で最も難しい文法項目を学ぶ。旧版では，後置修飾（特に関係代名詞）であったが，新版では仮定法に取って代わられた。

　学習負担の変化を見るため，後置修飾を扱う新旧教科書の同一単元（8コマ分）を比べてみる。語彙や表現の面から量的に捉えると，新出語句数は37から42に，本文の総語彙数は263語から441語に増えている。また，言語活動については，量だけでなく質も大きく変化している。旧版の各単元の構成は大きく PPP に依存していた。これは，最初に新出の文法を提示（present）し，次いで口頭での入れ替え練習（practice）を行い，最後にそれを使って自由な文を産出（produce）する，という流れである。関係代名詞だと，本文や例文で <u>Deppa is a student who likes music very much</u>. のようなキーセンテンスと説明を与える→下線部を Ms. Oka, the teacher, lives near my house などに変えて言う→クラスメートや先生について説明する，といったような構成である（笠島他，2016）。これは「弱形の CLT」（Weak CLT）と言われる。自由に意味のやり取りをするというよりも，使える言語形式が制限された中でのコミュニケーション活動だからである。

　新版でも PPP は取り入れられており，その部分に関してはあまり変わらない。大きく変わったのは，リーディング素材の扱いである。旧版では，本文の理解を問う質問と，内容に関して説明したり，例を出したり，簡単な意見を述べるといった，ざっくりと考える問題が数行用意されているのみであった。新版では，書かれている情報を図や表で整理したうえで，それについて要約したり，詳しく説明したり，話し合ったり，調べたり，意見などを発表したりする活動が丸1ページ分与えられている。言うなれば，「強形の CLT」（Strong CLT）に近くなった。これは，新学習指導要領が掲げる，「日常的な話題」だけでなく「社会的な話題」について，読んだ

り聞いたりし，それを用いて，「事実や自分の考え，気持ちなどを」書いたり話したりすることにより，「思考力・判断力・表現力」を育成する，という目標に対応した結果である。

　以上のように，新学習指導要領に基づく検定教科書は，教え学ぶための内容が増大し，方法が難化した。この負荷への対策を最後に考えることとする。

4　カリキュラム・オーバーロードへの方策と提案

　これまで見てきたように，英語科におけるカリキュラム・オーバーロードは，語学教育の習得論，指導論，内容論のいずれもが，複数の原理や要素の統合をめざしていることに起因する。それは時代の潮流というよりも必然である。というのは，言語というものは，個人の思考，日常の生活，他者との意思疎通，教室内外での学習，仕事の遂行など，あらゆる場面や目的で使用されるため，社会の変化に対応して，その資質・能力を育成する方法や内容も，多面化，高度化，複雑化せざるをえないからである。ここで問題になるのは，時間と労力には限りがあるため，無限に肥大化しかねない学習量を全てこなすことはできないという点である。言い換えるならば，それに対処する方策が必要となる。ここでは，その短中期的・現実的対策をまとめた上で，長期的・理念的発展案を提示したい。

(1)短中期的方策

　まずは，カリキュラム・オーバーロードにより難度化した教科書を教えるための現実的な処方箋を提示する。1〜3年のスパンで，すぐに実践できるものから取組みに努力が必要な順に述べていくが，実際にはこれらの方策を様々に組み合わせて新教科書の指導に対処していくことになろう。

①学習内容を選択する

　最も手っ取り早いのは，単元の中心となるページ（本文＋新出言語材料＋言語活動）を重点的に教え，その他の付随的活動，異文化情報，英語学習法，リーディング素材などは，重要性，興味関心，時間的余裕を勘案して，必要なもの以外は割愛

するという方法である。教科書は必ずしも全ページをこなすことを想定して作られているわけではないので，多かれ少なかれ，学習内容の取捨選択は必要となる。

②デジタル教材を活用する

従来からあるカード，ドリル，ワークシート，CD，DVDに加え，今回の改訂に基づく教科書にはQRコードが組み込まれていたり，充実したデジタル版が用意されている。多少のICTスキルが必要となるが，慣れれば文字と音声と画像・映像の組み合わせによる立体的な授業が可能となり，かなりの時間節約となる。ただし，効率的に授業を進められることと，効果的に学習が行われることとは，必ずしも同義ではない点に注意が必要である。学びそのものは，昔も今もこれからも，アナログである。その意味においても，以下の方策は重要である。

③指導方法を工夫する

授業時間数が変わらないのに，学習の量（内容）と質（方法）に高い水準が求められるのだから，指導そのものに様々な工夫を凝らす必要が出てくる。例えば，言語材料の取扱いについて，新学習指導要領では，「聞いたり読んだりすることを通して意味を理解できるように指導すべき事項と，話したり書いたりして表現できるように指導すべき事項とがあることに留意すること」との記載がある。これは，学習到達目標には，受容力（読んだり聞いたりして意味を理解する能力）に留めてよいものと，発信力（書いたり話したりして意味を伝える能力）まで高めるもの，の2つのレベルがあることを示している。同学習指導要領の解説では，語彙指導について，「全てを発信能力まで高めていく必要は必ずしもない」とも説明している（文部科学省，2018）。

文法に関しても，全ての項目を同じように扱う必要はない。例えば，現在完了形，関係代名詞，仮定法などは詳しい説明が必要であるが，代名詞，過去形の不規則変化，所有格（'s）などはさほどの説明を要せずに，使いながら自然に習得させることができる（鈴木，2020）。

授業を英語で行うことについては，あくまでも原則であって，難易度の高い文法の説明，深い思考を必要とするグループ活動，日本語の資料を基にする言語活動などについては，一定の母語使用は有益である。そのような学習活動の目的に応じた目標言語と母語の意図的かつ効果的な使い分けを，最近はトランスランゲッジン

グ（translanguaging）と呼び，そこには否定的なニュアンスはない（詳しくは池田，2017を参照）。

　その他，技法的なことを言えばきりがないが，授業での全訳を回避するために和訳を先渡しする，情報を視覚化したグラフィックオーガナイザー（図表）を活用する，4技能5領域（聞く，読む，やり取り，発表，書く）のそれぞれについて，細部にこだわらず，概要や要点を理解し伝えることを目標とする，などが考えられる。

④英語教育観を変革する

　今回の学習指導要領の改訂により，日本の学校英語教育は一種のパラダイムシフトを経験することになる。これまで見てきたように，中学校英語で言うと，目標は，「初歩的な英語を用いて」聞き，話し，読み，書くことができるようにすることから，「日常的な話題」のみならず「社会的な話題」について，聞き，読み，やり取りし，発表し，書くことができるようにする，へと具体化・高度化した。内容は，習得語彙数が実質的に倍増し，難易度の高い文法項目が追加され，他教科との関連も組み入れられた。そして，方法としては，英語で授業を行うこととされ，強形のCLTも想定されている。

　このような構造的転換に対応するには，教える側の意識変革が必要となる。使い古された対立概念ではあるが，人工的に詰め込む学習（learning）ではなく自然な言語使用による習得（acquisition）を，言語形式の偏重（focus on forms）から意味のやり取りの重視（focus on meaning）へ，正確さ（accuracy）の追求よりも流暢さ（fluency）の育成へ，受容能力を高める活動（input）だけでなく産出能力を伸ばす活動（output）も，文法を説明できる知識（declarative knowledge）から4技能で使える知識（procedural knowledge）へ，練習問題（exercise）以上にコミュニケーション活動（task）を，そして目標を定めた意図的・明示的学習（intentional/explicit learning）と共に単に言葉に触れることによる偶発的・暗示的学習（incidental/implicit learning）を通して言語能力は育つ，といった発想や信念の転換である。

　以上を可能にするのは，理論面と実践面での専門性の向上である。具体的には，学習指導要領と検定教科書を下支えする原理に関する専門知識，上記の目標に到達するための内容と方法に対処する指導技法，そして学習者に合わせたレベルの英語で教える語学力である。そのためには，自律的研鑽と制度的研修の両方が求められることになる。

⑵長期的発展

　前項で触れたように，新学習指導要領における英語教育は，単にカリキュラム・オーバーロードとなっているのではなく，目標・内容・方法において，パラダイムの転換が組み込まれている。特に，旧来の学習指導要領では，言語知識（文法，語彙，発音）と言語技能（読む・書く・聞く・話す）に加え，せいぜい異文化理解までしか射程に入っていなかったが，新課程では，「日常的な話題」だけでなく，「社会的な話題」も用いて，「情報を整理しながら考えなどを形成」することが盛り込まれている。その先にあるのは，「知識・技能」「思考力・判断力・表現力等」「学びに向かう力・人間性等」という全教科共通の３つの資質・能力の育成である。これは，ざっくりと，知識活用力，批判的・論理的思考力，コミュニケーション力，協働力，個人的・社会的・国際的責任力，などの現代社会で必要とされる汎用能力（コンピテンシー）の育成と言い換えてよいだろう（**図**　参照）。

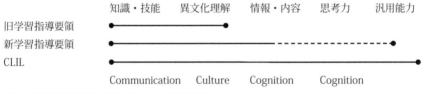

図　新旧学習指導要領と CLIL の目標範囲

　しかしながら，この図が示しているように，そのような英語教育改革にもまだ不十分なところがある。それは，破線で示した「情報・内容」「思考力」「汎用能力」についてである。まず，「情報・内容」については，社会的な話題を扱ったり，他教科の学習内容を活用することが新学習指導要領に明記されているが，それはあくまでも言語活動のための題材としてである。つまり，英語を通して社会的テーマや他教科の内容そのものを身に付けさせるところまでは想定していない。次に，「思考力」に関しては，「情報を整理しながら考えなどを形成し」とするだけで，前に言及したブルームの思考分類（暗記，理解，応用，分析，評価，創造）のような，思考力そのものをバランスよく意識的に伸ばす扱いにまでは至っていない。その結果として，21世紀の情報基盤型のグローバル社会で求められる「汎用能力」（英語で獲得した情報・内容をもとに，他者と共に深く広く考えて話すことで，有効な解決策や

独創的なアイディアなどを生み出し，文章や口頭で効果的に発信して，国内外の社会に貢献するといったコンピテンシー）の育成は，霞んでしまっている。

　以上の弱点を補完するのが，CLIL（Content and Language Integrated Learning: 内容言語統合型学習）と呼ばれる教育法である。ヨーロッパで開発され，特に今世紀に入ってからの西ヨーロッパ各国（スペイン，イタリア，ドイツ，オーストリア，オランダなど）で広く普及しており，日本でもこの10年間で急速に認知度が高まり，実践が広まっている。元来は地理，歴史，数学，物理，化学などを教える一般教科の教育法であるが，日本では特に，教科的な事柄や科目横断型のテーマなどの内容に基づき英語を教え学ぶ指導法として注目を集めている。その最大の特徴は，図の下部にある Communication（言語知識と言語技能），Culture（異文化理解と協働意識），Content（教科内容やテーマ），Cognition（低次から高次までの思考能力）からなる「4つのC」を有機的に結び付けて，教材作成，指導計画，授業実践，学習評価を行う点にある。つまり，新指導要領に基づく新しい英語教育のパラダイムでも不十分な「情報・内容」の深い学びと，意識的・体系的な「思考力」の鍛錬が十分に行われるような枠組みとなっており，その結果として「汎用能力（コンピテンシー）」の育成が期待できるのである（詳しくは池田，2015を参照）。

　CLIL的な言語活動は，すでに新学習指導要領に基づく小中学校の英語検定教科書に，ある程度は組み込まれている。だが，その扱いは周辺的である。ここで提案したいのは，各単元の本文や主要な活動に CLIL の精神や原理を取り入れることである。つまりは，学ぶに足る本文の内容選定，それを学ぶための4技能の活用，様々な思考力を使う学習活動の設定，他者との共同構築による新しい価値や考えを含んだ成果物の産出，などである。これにより，カリキュラム・オーバーロードそのものに歯止めがかかるわけではないが，肥満体質となった学習課程を筋肉質に変えることはできよう。

5　おわりに

　本章では，最初に習得論，指導論，内容論から，語学学習におけるカリキュラム・オーバーロードの構造的必然性を理論的に論じ，次いでそれを中学校外国語科（英語）の新学習指導要領と検定教科書に当てはめて具体的に示し，最後にそれに対す

る短中期的な現実的方策と長期的な理念的発展を考えた。このような観点から語学教育を考察することは珍しく，英語教育に対してはもとより，他教科を含むカリキュラム・オーバーロード論全体に対して，何らかの示唆や洞察となることを願う。

[引用文献]

・池田真「CLIL（内容言語統合型学習）における translanguaging（二言語活用）のモデル構築」『英文学と英語学』（第53巻），2017年，1 -12頁。
・池田真「語学能力の育成から汎用能力の育成へ」奈須正裕・江間史明・鶴田清司・齋藤一弥・丹沢哲郎・池田真編著『教科の本質から迫るコンピテンシー・ベイスの授業づくり』図書文化社，2015年，157-177頁。
・笠島準一他，*New Horizon English Course 3*，東京書籍，2016年。
・笠島準一・阿野幸一・小串雅則・関典明他，*New Horizon English Course 3*，東京書籍，2021年。
・鈴木祐一「文法指導について第二言語習得研究でいま分かっていること，まだ分からないこと，そして分かり得ないこと」金谷憲編著『高校英語授業における文法指導を考える：「文法」を「教える」とは？』，アルク，2020年，109-162頁。
・文部科学省『中学校学習指導要領（平成29年告示）解説：外国語編』開隆堂出版，2018年。

第11章—solution 8
ICT の利活用による学習の効率化

国立教育政策研究所総括研究官

福本　徹

1　はじめに― ICT 活用に関する最近の国の動向

(1)学習指導要領等に見られる ICT 活用

　本章では，コンピュータやタブレット PC，スマートフォン，インターネットなど，ICT（Information and Communication Technology）機器を用いた学習の効率化について述べる。

　現代社会は Society5.0社会といわれ，社会は様々な形での変化が進んでいる。IoT と呼ばれるように，生活のあらゆるところにコンピュータがあり，日常生活においては一人一台のスマートフォンを活用することがごく普通の在り様となっている。

　平成29・30年改訂学習指導要領では情報活用能力（情報モラルを含む）は，言語能力，問題発見・解決能力と並んで「学習の基盤となる資質・能力」と規定されている。様々な学習を進める際に情報活用能力を発揮することで，学習の効率化（時間を短く，資料を多く）や学習の深化（より遠い到達点へ）につながり，情報活用能力そのものの育成にも寄与するもの（情報活用能力を手段として，かつ，目的としてとらえる）である。

(2) GIGA スクール構想とは

　先に述べたように，生活のあらゆるところにコンピュータがあり，日常生活でも一人一台のスマートフォンは必携の社会となりつつある。ところが，学校におけるICT 機器の活用はまだまだ途上であり，PISA2018の調査でも明らかになったように，日本は，コンピュータをゲームやコミュニケーションツールとしては使用している

ものの，「コンピュータを学習に使わないことで世界一」という状況にある。

　また，経済格差が情報インフラへのアクセス格差を生み，そして経済格差を生みだすという連鎖が生まれている。例を2つ挙げると，総務省による令和元年度通信利用動向調査による，インターネットの利用状況を世帯年収別にみると，200万円未満が80.7％，400〜600万円が90.8％である。また，多喜・松岡（2020）による，内閣府調査の個票を再分析した結果によると，2020年6月はじめまでに学校によるオンライン教育を受けた割合は，小学校段階を例にとると，収入低（世帯全体の年間収入が税・社会保険料込600万円未満）19.0％，収入高（それ以上）28.6％である。

　そこで，公教育としてのインフラ確保と，学校教育でも社会におけるICT環境並みの整備を行うために，「GIGAスクール構想」という全国一斉のICT環境整備が実施されてきた。「GIGAスクール構想」とは，文部科学省の資料によると，Society5.0時代を生きる子どもたちに相応しい，誰一人取り残すことのない公正に個別最適化され，創造性を育む学びを実現するため，「1人1台端末」と学校における高速通信ネットワークを整備するものである。また，オンライン学習環境（Wi-Fiルータやヘッドセット），クラウド環境の利用促進，スクールサポーターの配置など，付随する細かな事業も含まれている。

　GIGAスクール構想では，「従来の学校ICT環境整備とは異なり，文部科学省として，クラウド利用を基本とした安価でシンプルな端末や，高速なインターネットにつなげるためのネットワーク整備のモデル例を示し，従来よりも端末，保守のコストを低減し，効果的・効率的整備を目指したものです」とあり，クラウド活用で，いつでも，どこでも，学びにアクセスできる環境を保障している。

2　ICT活用の利点について

　ICT活用の特性・強みについては，中央教育審議会の特別部会で提示された，**図1**の資料に分かりやすくまとめられている。

　GIGAスクール構想によって1人1台の端末が整備されたが，今までの学びでも行われてきたことを効率よくできる，今までできなかったこと（あるいは，実現しようとするとコストや時間がかかりすぎて事実上不可能であったことも含めて）ができるようになる。**図2**の資料でいうとおおむね，ステップ1が前者，ステップ2

ICT活用の特性・強みについて

①多様で大量の情報を収集、整理・分析、まとめ表現することなどができ、カスタマイズが容易であること

（観察・実験したデータなどを入力し、図やグラフ等を作成するなどを繰り返し行い試行錯誤すること）→試行の繰り返し、調べ学習、ドリル学習、プレゼン、情報共有

②時間や空間を問わずに、音声・画像・データ等を蓄積・送受信できるという時間的・空間的制約を超えること

（距離や時間を問わずに児童生徒の思考の過程や結果を可視化する）→思考の可視化、学習過程の記録

③距離に関わりなく相互に情報の発信・受信のやりとりができるという、双方向性を有すること

（教室やグループでの大勢の考えを距離を問わずに瞬時に共有すること）→瞬時の共有化、インタラクティブ、遠隔授業、メール送受信

出典：「ICTを活用した教育の推進に関する懇談会報告書(中間まとめ)」(平成26年8月29日)

○アクティブ・ラーニングの視点に立った深い学び、対話的な学び、主体的な学びの実現に大きく貢献
○個々の能力や特性に応じた学びの実現に大きく貢献
○離島や過疎地等の地理的環境に左右されない教育の質の確保に大きく貢献

図 1　ICT 活用の特性・強み（第 4 回総則評価特別部会資料より）

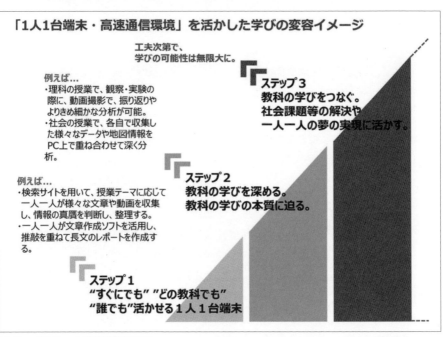

図 2　（出典：文部科学省資料）

160

が後者に相当する。

　改めて，ICT機器を用いた学習の効率化という言葉を考えてみると，ICT機器を使って同じこと（コンテンツ，知識・技能など）を学ぶ時数がより短くなる（AIドリルの活用，など），同じ時数でより深く学ぶ（授業支援クラウドの活用，など），少ないコンテンツでより多くの資質・能力が身に付く（情報活用能力を手段とした学習の円滑化），といった切り口が考えられる。

　例えばステップ1の学習活動として想定されるのは，資料の提示を写真で黒板に貼っていたものを大型提示装置で映して見せる，原稿用紙に手書きしていた作文をワープロソフトを用いる，調べ学習で検索サイトなどを用いて検索し情報を得る，などである。また，資料提示であれば，一部分だけ見せたり，あるいは，一部分だけを拡大して見せたりすることもできる。ワープロソフトを用いた作文では，書き直しや推敲のコストが紙の原稿用紙を使う場合に比べて劇的に下がるという利点もある。インターネット上の情報は最新のものが掲載されているなど，紙の図鑑などよりも新しいデータが得られることも多い。単純なAIドリルの活用もこちらに分類できよう。

　しかしながら，ステップ1の段階にとどまっていては，単なる効率化に終わってしまい，コンピュータの真の実力を発揮できないままになる。カスタマイズや記憶，計算といった，コンピュータが得意なことを生かせば，教科の学びを深められる。ステップ2では，例えば東京都23区立の小学校4年生社会科の実践では，Googleストリートビューを利用して，一人ひとりの児童が八丈島の人たちの暮らしぶりを自分の興味に応じて自由に観察することで，ある児童は海岸，またある児童は牧場といったように，様々な視点からの発見活動を行っていた。他にも，コンピュータの記録機能を生かして，作文の過程を学習ログとして記録して後で振り返ったり，共同編集機能を使ってグループメンバーで分担しながらレポートを作成することもできる。また，文章構造のテンプレートをファイルとして保管しておき，必要に応じて活用することで，構造的な文章・レポートを簡単にまとめることもできる。また，統計情報を検索したりして得たデータを表計算ソフトに取り込み分析してプレゼンテーションしたり，Google Map上に示して地図と重ね合わせて考察を深める，といったことができる。中学校3年生数学の関数とグラフでは，グラフ描画ソフトを用いて，フラクタル図形や軌跡としての幾何学模様の描画によって，関数のよさや美しさを味わう学習を行っていた。ほかには，数値情報を使ったシミュレーション

も１人１台のコンピュータがあれば納得がいくまで可能であるし，理科などの実験の様子を動画で記録し学習者がじっくりと見返して観察することもできるし，いくつかの市の公立小学校・中学校で行われてきたような反転学習も可能となる（森・溝上，2017）。

　確かにこうした活動は，紙と電卓でも可能である。八丈島の風景を大きな模造紙に貼れば，島の人たちの暮らしをじっくりと観察することもできるし，原稿用紙に書いた作文を別の原稿用紙に書き直せば何度も修正することもできる，シミュレーションやグラフの描画は関数電卓を手打ちすればできるし計算尺で指数計算もできる，ビデオカメラで実験動画を撮影すれば後から見返すこともできる。しかしながら，こうした（アナログに寄った）活動を学習者に強いることは，現在の我々の社会生活のありようからすれば明らかにオーセンティックではないし，非効率，不経済である。ステップ２では，我々大人が学びや業務の中で，１人１台のコンピュータを活用しているそのさまを，学習に生かすという方向性が極めて重要となる。

　ステップ２では，教科ごとに学びを深める活動の一例について述べてきたが，ステップ３では，教科の学びをつなぐことで，社会課題の解決や，一人ひとりの夢の実現に生かすことをめざしている。昨今よく言われるのが，STEAM 教育である。SSH（Super Science High School）や京都府立堀川高校をはじめとする「探究科」の実践をベースとして，より学際的で専門的な学びからの研究を深めている。また，平成29・30年学習指導要領を議論するプロセスにおいても，教科等横断的な視点が意識されていた（奈須，2020）。ICT の活用を，ステップ３の学習を細かくした探究のプロセスに照らし合わせると，「課題の設定」では，実社会の課題を探索したりする際や，個人の興味関心を整理したりするのにウェビングマップなどの発散型の思考ツールの活用といった活動が考えられる。「情報の収集」では，文献検索はもとより，ステップ２でも触れたようなコンピュータの利点を生かして，インタビューの設計や記録，実験計画の立案，フィールドワークに向かう際の連絡など，多くの活用場面がある。「整理・分析」においては，大量のデータを分析したり，保存した情報（コピーした情報を使うことで，元の情報を傷つけない形で）を何度も加工したりすることができる。「まとめ・表現」では，論文作成やプレゼンテーションのための道具はもちろん，ICT 機器を用いて聴講者とのインタラクティブな活動も行うことができる。これらはあくまで一例であるが，探究活動における様々な場面で，ICT を効果的に活用することができる。こうした場面ごとの活動は，対象を未知の課題

に設定すると，まさに研究者が行っている活動そのものである。例えば一人一台の
コンピュータを用いて探究活動に取り組んでいる学校の中では，学会発表を行った
事例もある。社会課題の解決であると同時に，生徒自身の進路選択にもつながる好
例である。まさに「学習の個性化」（愛知県東浦町立緒川小学校，2008）が実現され
ている。

　このような学習活動を十全に行って，情報活用能力を育成するためには，時々
ICT 機器を使って授業をする，といった形ではなかなか難しい。また，学習者に ICT
機器を強制的に使わせることでもない。学習者が使いたい，必要だ，と思った時や，
ICT 機器の特性を生かせる場面で，使いたいだけの ICT 機器を使い，教科等の学び
につなげることが大切である。まさに「流暢に」使える（FITness）(National
Research Council，1999) ことである。

3　ICT を活用した資質・能力の育成

(1) AI ドリルを活用した知識・技能の習得

　コンピュータを学習に用いようとする試みは多くなされてきた。CAI（Computer
Assisted Instruction）といわれる，問題提示と回答を組み合わせる学習形態，ハイ
パーカードを用いた探索的な学習，電子メール等を用いた市井の人たちとのコミュ
ニケーションによる学習，などが挙げられる。

　昨今ではコンピュータ性能の向上やサービス環境の充実に伴って，EdTech と呼
ばれる企業が増えてきている。EdTech は Education と Technology とを組み合わせ
た造語で，教育分野に変革をもたらすようなビジネス，サービス，企業などの総称
である。EdTech の一つの成果として「AI ドリル」と言われているソフトウエアが
実用化されてきた。初期の CAI のような単純にコンピュータによる出題と学習者に
よる応答を繰り返しているものではなく，個々の学習者の解答から理解状況を推定
して，つまずきの箇所の解説や復習，アドバンスな学習へと遷移するソフトウエア
の総称である。まさに「指導の個別化」（東浦町立緒川小学校，2008）を実現するも
のである。また，教師側の端末で，学習時間や正答数，後藤の傾向などのような学
習者の状況を把握することもできるものもある。AI ドリルの基本的な設計は，様々

なソフトウエアの公表資料から推測するに，大量の問題群に対する大量の解答事例をAIが学習することで，学習者の回答から学習状況を推定したり，その上にこれまでの算数におけるバグ研究など，学習者の誤りパターンと知識構造との蓄積を用いてAIが行う学習パターンの調整を行っている，と考えられる。コンピュータの性能上（CPU の処理速度やメモリ・ディスク容量など）これまでできなかったことが，コンピュータ技術の進歩によって可能となったわけである。

　例えば，経済産業省の資料によると，東京都千代田区立麹町中学校に導入された「Qubena」（株式会社 COMPASS）では，数学での授業で自学自習と学び合いを組み合わせ，標準時間数のおおよそ半分の時間に短縮できた。また，複数の中学校に導入された「e フォレスタ」では，効率的な知識習得や学習意欲の向上が見られた。

　AI ドリルの活用について，知識・技能への偏重，あるいは，知識・技能と思考力・判断力・表現力等との分離につながるのでは，という批判がある（石井, 2020）。これらは，AI ドリルを教材としてどのように活用するか，言い換えると，家庭学習も含めて学習活動をどのように設計するかの問題である。単元の一部分でAIドリルを活用して知識の確実な定着を図るという方法もあるし，各時間の一部で適用問題をノートに解く代わりに AI ドリルを用いて知識の定着状況を確認する方法も考えられる。

　いずれにしても，学習者が問題を解く→教師が確認する→学習者にフィードバックする，のサイクルを短縮することと，問題を解いている状況において学習者が困っていれば迅速に介入することが重要である。これまでは，適用問題を解く際に，授業中の机間巡視で確認し個別に指導したり，宿題のノートに添削したりするなど，教員による直接指導の下か，時間を置いた後での指導となるのが通常であった。AI ドリルの活用によって，前者であれば AI ドリルそのものが，後者であれば教員が，すぐ，その場で，フィードバックをすることができるようになる。

　課題となるのは，学習のスピードについてである。これまでも算数の授業で，「適用問題を解いたら下校してよい」という運用がされているケースもあった。最も遅い時間（例えば 6 時間目）にそのような学習活動を設定することで可能となっていたわけである。これを時間割の制約なく，例えば 3 時間目で実施し，浮いた時間を同じ教科の学習の準備に充てることはできるが，他教科の学習に回すことはなかなか難しい。例えば，算数の適用問題が終わったから，ある子は国語の漢字ドリルに取り組んだり，ある子は算数の別の適用問題に引き続き取り組んだりすることは，

学級の児童が個々に異なる授業時数である現象を生む。小学校であれば学習指導であるとして，担任の裁量内でつじつま合わせもできようが，教科担任制が厳格な中学校や高校では，担当する教員が所持している免許の教科外の学習を生徒が行うと，学習指導として成立しないことになる。小学校において学級内で一律に合科的な指導をすることは学習指導要領総則によって担保されているが，どうしても標準授業時数に縛りからは逃れられない。こうした問題は他の学習形態でも見られるが，特にAIドリルを活用した個別的な学びを推進する際には，顕著な課題となりつつある。

⑵学びを支援するソフトウエアについて

　知識・技能に限らず，資質・能力を総合的に育成するために有用なのは，ロイロノートやGoogle Classroomをはじめとした授業支援クラウドである。同期型でも非同期型でも様々な活用ができる。教師からの課題や資料の配布，学習者同士での共有学習空間，資料等の再構成や加筆修正，プレゼンテーションや課題提出など，いろいろな学習活動を行うことができるツールである。

　特に教師（学校）→児童生徒だけでなく，児童生徒→教師（学校）へのルートを日常から使っていると，教師が児童生徒の学習成果を簡単に把握しやすいとともに，オンライン授業などといった遠隔地と結んだ学習形態に移行が容易である（福本，2020）。教室内の対面で普段行っている学習活動を，個々の児童生徒への声掛け等はチャットなどの文字情報になったり，Zoom等の同時双方向型のシステムを別途使うことになるが，基本的にそのままオンラインで展開する形態になる（東京学芸大学附属小金井小学校鈴木教諭の実践事例）。前者のルート（下り向きのルート）は，同時双方向型はもちろんのこと，動画配信やテレビ放送，DVD，紙のプリントなど様々な媒体で提供できるが，後者のルート（上り向きのルート）を一から実現するのは，ハード的にも児童の使いこなしの点からもなかなか難しい。また，遠隔授業などで行われてきた，非同期型の（同時双方向型ではない）授業では，授業開始→教師による課題の提示→児童生徒は課題に取り組む→課題の提出→教師は提出された課題を確認→授業終了，という流れになる（京都教育大学附属桃山小学校，樋口教諭の実践事例）。このように，授業支援クラウドは，同時双方向型のシステムよりも大事なものである。学校と家庭などといった遠隔地との授業を行おうとする

と，授業中の様々なやり取りは，例えば Zoom ＋紙のノートよりも，ロイロノートで行う方が，教師も学習者もスムースである（佐藤，2020）。

　先に述べたステップ 2 やステップ 3 において，これらの授業支援クラウドは学習者にとって大変便利である。先に述べたような，学習者同士での共有学習空間，資料等の再構成や加筆修正，プレゼンテーションなどといった学習場面や活動は，活用型の学習や探究的な学びに不可欠なものである。これらの活動をコンピュータなしで行うのは，不可能ではないがかなり難しい。一人一台のコンピュータを自由に使うことができてこそ「学習の個性化」が期待できる。

(3) 学習指導要領をはじめとした法令との整合性について

　現状の教育課程の編成・実施においては，教師が授業等で取り扱ったことについては児童生徒は学べている，という前提（履修主義）の上に成り立っている。こうした前提は，例えば全国学力・学習状況調査の結果を見れば，なかなか完全に身に付くことは難しいことは分かる。学習者の認知機能には差はあることを教師は承知した上で，様々な制約があって「昔ながらの手堅い方法で，だいたい平均的な学習者に教える」ことを行ってきたわけである。ここ数年で ICT 技術の急激な発展に伴って，「昔ながらの方法」ではなく「新しい方法」，つまり ICT 機器や EdTech をフルに活用することで，個別の学習者に対応する，いわゆる「個別最適な学び」がある程度可能となってきた。

　「個別最適な学び」について研究開発学校制度を活用し，算数科において EdTech を活用して児童一人ひとりの学習履歴データを蓄積・分析し，基礎的・基本的内容（知識・技能）についての個別最適化された学習の指導方法を開発する研究を進めているのが，東京都町田市立町田第五小学校である。児童の理解スピードや理解状況に合わせた学習環境，理解状況の診断に基づいて最適化されたグループによる対話的な学びの効果向上をめざすものである。なお，実践研究は令和 3 年 4 月現在も進行中である。学習者によっては，AI ドリルの活用を進めて興味関心が高まってくると，もっと進んだ学習を行う場面が出てくるかもしれない。あるいは，学習対象をまとめた方が効率的な場合もある。また，特定の領域（例えば，図形，データの活用，など）における下学年や上学年の内容を（教育課程上に正しく位置付けて）取り扱う必要がある。

　町田第五小学校などの成果は，今後の学習指導要領に反映されることが期待されており，今後の研究の成果によっては，履修主義と習得主義をEdTechによって埋めることが可能となるかもしれない。

　他には，遠隔教育やオンライン学習，オンラインと対面を併用したハイブリッド学習といった学習形態が提言されている（中央教育審議会新しい時代の初等中等教育の在り方特別部会，2020）。現行の法令では，不登校等の場合においては，自宅におけるICT等を用いての学習を，種々の条件の下で指導要録上の出席扱い（つまり，教育課程を履修した）とすることができる（文部科学省，不登校児童生徒への支援の在り方について（通知））。

　これまで（ICT機器が十分に普及していない）の状況では，学習状況や成果を見取ろうとすれば，対面で指導を行うしか方法がなかったということになっている[1]。しかし，GIGAスクール構想でICT機器が1人1台の学習者に行きわたり，Zoom等をはじめとする遠隔地とのコミュニケーションが可能となる簡便なソフトウエアも普及してきた。こうした学習形態では，同じ空間に教師と学習者が同時に居るわけではないが，現下のICT機器やソフトウエアの環境における，学習状況を見取ることができる条件を整理し，授業時数に含めていく方向性が，中央教育審議会特別部会の提言では示唆されている。

4　ICT機器の持ち運び　特に持ち帰り運用について

　これまで見てきたような学習活動を行っていこうとすれば，当然のように，持ち帰りとクラウド活用が当たり前[2,3]となる。学校と，家庭をはじめとする学校外の学習をシームレスにつなぎ，いつでも，どこでも，学びを行うことができる環境を整備することが大切である。

　例えば，家庭での宿題にAIドリルを活用することで，学校の授業で解いた適用問題と類似した問題が出題され，知識・技能の確かな定着につながる。

　また，休日や長期休暇中に訪れ博物館や水族館での学びを，学校で行っている探究活動に生かすこともできる。持ち帰るコンピュータに授業の予習動画を入れ，家で予習するといった，反転学習も可能となる。授業中にコンピュータを用いて学習をするが宿題は紙のノートにする，とか，学校での探究はコンピュータを使って整

理分析するが家庭での調査活動の結果は紙で学校に持っていく，などの事例では使用するメディアがずれているし明らかに非効率である。また，学校は学校のコンピュータ，家庭では家庭でのコンピュータを使用し，データを共有するために USB メモリ等の可搬性記憶装置を持ち歩くには紛失リスクが高い。

　一歩進んで，学習に必要なコンピュータを家庭で準備し，学校外はもとより，学校内での学習でもこのコンピュータを利用する，いわゆる BYOD（Bring Your Own Device）の方式が考えられる。特に GIGA スクール環境では，クラウド活用が前提であり，教員や学習者が必要な時に，ブラウザを通してクラウド上のソフトウエアやデータにアクセスするのである。標準的な Web ブラウザがインストールされていることを前提とすれば，OS の違いを考慮する必要はなくなる。いつも使っているスマートフォンや，家にあるタブレット PC を学校に持ってきて，学校から与えられる ICT 機器よりもより手になじんだものを，授業中や学校での様々な活動に使うことができる。

　タブレットやスマートフォンといった ICT 機器を，教具として扱うなら学校（設置者）で準備することになるが，文房具として扱うならむしろ BYOD のほうが自然である。

5　ICT 機器を活用した際の教師の役割とは

　さて，ICT 機器を学習に活用する上で考えなければならないことの１つに，コンピュータと教師との関係がある。よく，「コンピュータがあれば教師は要らない」とか「すばらしい動画があるのだから，動画を見せておけば学習としては十分で，教師は不要である」といった言葉が聞かれる。実際に，2020年３月からの臨時休校中には，様々な授業動画やオンラインのコンテンツが作られたが，どれほどの効果があっただろうか。溝上（2020）は，オンラインの学習コンテンツだけで学べるのは，自律的な学力の高い子供だけであり，関係性を持つ教師から声をかけられて励まされて学びに向かうことができる，教えるのがどんなに上手な教師のオンライン授業でも，知らない教師の授業では学力中下位層の子どもは学びに向かわない，と指摘している。

　例えば，東京学芸大学附属小金井小学校の鈴木教諭は，自身が行ったオンライン

授業の実践によって，学校や教師の役割が変化していることを指摘している。すなわち，これまでの学校は学びの主導権は教師にあり，「何を」「どうやって」学ぶかを決めるのは既に決まっているものであった。Face to Face のコミュニケーションであり，同じ方向に導いていく学級経営である。対して，オンライン学習では，1人1台環境の下で，子どもたちが自分の興味関心に従い，課題をやる順序や，何を学ぶかも子どもの自由である。個別の学びの違いに合わせて様々な寄り添い方，つまり，Side by Side が必要だと述べている。まさに，新学習指導要領の趣旨である「学習する子供の視点に立ち」を，ICT 機器をフルに活用して具現する姿であろう。これは ICT を使った場合に限らない話であり，「教育観の転換」（竹内，2019，p.89）でも触れられている。

　また，単純なテクノロジー万能論に陥らないことも大切である。カウチとタウン（2019）は，教育にテクノロジーを導入する目的は，先生に取って代わることではなく，教師の指導をより効果的かつ効率的にすることと述べている。ライゲルースら（2020）は「テクノロジーは優れた指導を増幅することができるが，優れたテクノロジーは悪い教育に取って代わることはできない」と述べている。よい指導はより良く，悪い指導はより悪くなるのが ICT 機器を用いた場合の特性であり，これまで以上に教師の力が問われてくるであろう。ここでいう教師の力の具体的な姿については他の章に譲りたい。

6　おわりに

　ICT 機器を活用した学びを進めるうえでは，学習記録（スタディ・ログ）をはじめとした教育データを利用することが大前提となる。現在のところ，どのようなデータをどんな形で保存し活用するかや，活用のための手続きや，サービスごとのデータの互換性がない（いわゆる「ベンダーロックイン」）状態である。つまり，あるツールを使って学んだ結果の作品やデータ，学習の進行状況などが，別のツールに引き継いで閲覧したりすることが完全に保障されていないのである。「新時代の学びを支える先端技術活用推進方策（最終まとめ）」では，「データの種類や単位がサービス提供者や使用者ごとに異なるのではなく，相互に交換，蓄積，分析が可能となるように収集するデータの意味を揃えることが必要不可欠」とある。「教育デー

タの利活用に関する有識者会議（第1回）会議資料」資料4では，初等中等教育における教育データ標準化の目的として，相互運用性（データの互換性），学習効果の最大化，多様な社会の力の活用，を挙げている。また，標準的な規格は，いったん定めただけで終わらずに，技術の進歩や社会の変化，学習スタイルの変革に合わせて，柔軟に更新していく必要がある[4]。

　また，ICT 機器を活用した学びの形態は2でまとめてみたが，国や地方自治体をはじめこれまでの様々な事業での成果から得られたものであり，実際に全国の学校で1人1台環境になってみると，様々な学習のあり様が見られることが予想される。中には，思いもつかない活用方法や，効率的な使い方があるかもしれない。教師の創意工夫や，学習者の様々なアイデアを生かし伸ばすことができるのが ICT 機器である。

［注］

1　特別支援学校高等部の準ずる課程において，受信側に教員を置かない形での同時双方向型あるいはオンデマンド型授業を実施する際，学習評価ならびに単位認定が可能という研究開発学校の結果は得られている（千葉県立四街道特別支援学校；平成27〜30年度研究開発学校指定）。

2　『GIGA スクール構想の下で整備された1人1台端末の積極的な利活用等について（通知）』（2文科初第1962号）では「各学校設置者等においては，関係者と緊密に連携して，児童生徒への適切な利活用の指導やルール設定など準備を行うとともに，学校で整備されたものを含む家庭での端末の利用に関するルール作りを促進することや丁寧な説明により保護者や地域の十分な理解を得られるよう努めることなど，端末の持ち帰りを安全・安心に行える環境づくりに取り組むこと。」や「GIGA スクール構想本格運用時チェックリスト」において「クラウドサービスを利用する計画になっているか」と書かれている。

3　GIGA スクール構想ではクラウド使用が前提であり，端末を使用する際にクラウド上からデータを引いてくれば良いので，一人一端末固定にするかは（個人所有が大切だという意見や，データキャッシュの点から有利だという点は承知しているが）技術的にはスコープの外になる。

4　筆者は前職で国際規格の策定作業にほんの少しだけ関わったことがあるが，利害関係を調整して関係者の合意を取ることや，規格の更新，リファレンスソフトウエアの提供など，かなり泥臭い作業が発生した。

[引用文献]

・GIGA HUB WEB 「GIGA スクール構想に基づく，端末・ネットワーク整備は，従来の学校 ICT 環境整備と何が違うのか？」https://giga.ictconnect21.jp/20200713638/

・総務省教育 ICT ガイドブック https://www.soumu.go.jp/main_content/000492552.pdf

・多喜弘文・松岡亮二「新型コロナ禍におけるオンライン教育と機会の不平等―内閣府調査の個票データを用いた分析から―」プレスリリース資料，2020年

・森朋子・溝上慎一編『アクティブラーニング型授業としての反転授業 理論編』ナカニシヤ出版，2017年

・田中香津生「自然科学への橋渡しとしての理科教育―物理学会 Jr. セッションに参加して―」日本物理学会誌 Vol. 71, No. 6, pp.382-385, 2016

・愛知県東浦町立緒川小学校『個性化教育30年』2008年
https://www.jstage.jst.go.jp/article/butsuri/71/ 6 /71_382/_pdf

・National Research Council(1999) Being Fluent with Information Technology, National Academy Press.

・畑本恵子・長町三生・伊藤宏司・辻敏夫，「算術演算の知的 CAI に関する一研究」日本人間工学会『人間工学』Vol.23，No.4，1987年，pp.257-265.

・石井英真，「いま『授業』を問う―テクノロジーの活用と授業のオンライン化を未来の「当たり前 」につなぐ―」京都大学大学院教育学研究科 E.FORUM 研究成果，https://e-forum.educ.kyoto-u.ac.jp/cms/wp-content/uploads/ いま「授業」を問う―テクノロジーの活用 と授業のオンライン化を未来の「当たり前」につなぐ―.pdf

・文部科学省「GIGA スクール構想の下で整備された１人１台端末の積極的な利活用等について（通知）」（２文科初第1962号），2021年

・「ポスト・コロナで目指す学校の姿は，"Face to Face" から "Side by Side" へ―東京学芸大学附属小金井小学校 臨時休校実践レポート」https://www.watch.impress.co.jp/kodomo_it/teachers/1250804.html

・小学校のオンライン授業：子どもが集中する４つの型 https://kyoiku.sho.jp/47341/

・佐藤明彦「教育委員会が本気出したらスゴかった。」時事通信社，2020年

・ロイロノート https://n.loilo.tv/ja/

・Google Classroom https://edu.google.com/intl/ja/products/classroom/

・町田市立町田第五小学校 http://www.machida-tky.ed.jp/school/e-machida 5 /index.html

・中央教育審議会新しい時代の初等中等教育の在り方特別部会（第13回）会議資料

・文部科学省「不登校児童生徒への支援の在り方について（通知）」（元文科初第 698 号）2019年

・ジョナサン・バーグマン，アーロン・サムズ 著，上原裕美子訳『反転授業』オデッセイコミュニケーションズ，2014年

・溝上慎一（2020）「教師との関係性があってこその学び」『タウンニュース青葉区版』2020年6月18日号

・ジョン・カウチ，ジェイソン・タウン著，花塚恵訳『Apple のデジタル教育』かんき出版，2019年

・C.M. ライゲルース，B.J. ビーティ，R.D. マイヤーズ編，鈴木克明監訳『学習者中心のインストラクショナルデザイン理論とモデル』北大路書房，2020年

・竹内淑子著，小山儀秋監修『教科の一人学び「自由進度学習」の考え方・進め方』黎明書房，2019年

・狩野さやか（2020）「ポスト・コロナで目指す学校の姿は，"Face to Face" から "Side by Side" へ」
https://www.watch.impress.co.jp/kodomo_it/teachers/1250804.html

・中央教育審議会「幼稚園，小学校，中学校，高等学校及び特別支援学校の学習指導要領等の改善及び必要な方策等について（答申）」2017年

第12章—solution 9
個別最適な学びと学習環境整備

東京学芸大学非常勤講師
佐野亮子

1 「個別最適な学び」をめぐって

⑴「個別最適な学び」とは何か

　2021年1月26日に出された中央教育審議会の答申「『令和の日本型学校教育』の構築を目指して」，その副題に「協働的な学び」と並んで打ち出されたのが「個別最適な学び」である。

　文部科学省がそれ以前に表記していた「公正に個別最適化された学び」より，「個別最適な学び」の方が表現として解釈の余地が広がり良いと思うし，それ自体は，これまでの学習指導要領総則に掲げられている「個に応じた指導」を「学習者側の視点から整理した概念」と位置付けているので，答申の通り「個別最適な学び」が「令和の日本型学校教育」として「協働的な学び」と「往還する」関係におさまるのであれば，これを機に現場での「個か集団か」といった形態を巡る議論も収束していけばいいと筆者は思っている。

　答申では，「個に応じた指導」には「指導の個別化」と「学習の個性化」が必要であることがあらためて示された。あらためてというのは，この2つの概念は，かつて国立教育研究所の加藤幸次氏が1980年代に提唱した「個別化・個性化教育」に直接的に由来するからである[1]。中央教育審議会教育課程部会委員の一人である奈須正裕氏は，会議の中で，こうした歴史的経緯も踏まえながら，「指導の個別化」と「学習の個性化」について以下のように説明している（以下，令和2年7月27日　中央教育審議会教育課程部会・資料1「個別最適化された学びについて」から引用）。

・「指導の個別化」とは，子どもたちはさまざまに異なっているとの現状認識から出発して，1つの指導目標に向かい，指導終了時には個人間の違いをできるだけ少

なくしていこうとする収斂的アプローチである。「指導の個別化」の狙いは，すべての子どもに共通の基礎学力を等しく着実に保障することにあり，そのために一人ひとりに最適化された指導方法，学習時間，教材等の豊かで柔軟な提供を進めていくという考え方と言えよう。

・一方，「学習の個性化」とは，同じく子どもたちはさまざまに異なっているとの現状認識から出発して，学習活動を通じてさらにその違いを，教育的に価値のある方向により拡大しようとする拡散的アプローチである。「学習の個性化」は，全員が共通に身に付けた基礎学力の土台の上に，その子ならではの得意分野やこだわりを持つ領域に対し学校教育のリソースを集中的に投下することで，自己理解の推進やアイデンティティの確立，将来のキャリアを展望する基盤の形成を促すことが期待される。

　引用を踏まえて換言すれば，「指導の個別化」はどの子も共通の目標を達成することをめざすアプローチ，「学習の個性化」はその子ならではの目標に進むことをめざすアプローチ，と言い分けることができる。

　しかし問題は，それでどのような授業を行うのかということだ。これらを踏まえて創出される「個別最適な学び」の実践が，習熟度に合わせたAIドリルによる個別学習ばかりになるのだとしたら，それはあまりに限定的といわざるをえないだろう。

⑵「個別最適な学び」の源流と実践イメージ

　「個別最適な学び」が打ち出された経緯をみれば，それがこれまでにない新しい方法や実践を試みる取組みではないことは理解できる。近代学校の歴史をみると，学校で，子どもが自分のペースや自分に合った方法で，教科内容を学んでいく個別的な学習は，今から百年前の1920年代に確立された。代表的なものとして，パーカーストによって実践されたドルトン・プランの教育や，木下竹次による奈良女子高等師範学校附属小学校の「学習法」などに，その発祥をみることができる。

　また，アメリカでは，1957年のスプートニク・ショックを契機に教育内容・方法の現代化や効率化が求められ「指導の個別化（individualized instruction）」をめざした教材開発のプロジェクトや，1960年代後半から70年代に興隆した「オープンスクール運動」の中で実践されている学習方法がそれにあたる。

　一方，日本では1970年代後半から90年代にかけて公立学校改革の動向の中で生まれ展開した「個別化・個性化教育」（前述の加藤氏が概念整理した）において，「個別最適な学び」につながる幾つもの実践事例をみることができる。とりわけ，当時もそして今も実践校として知られている愛知県東浦町立緒川小学校では，個別の学習形態として，「はげみ学習（学習した知識・技能の定着をねらうドリル型の学習）」「週間プログラムによる学習（『学習のてびき』と学習材を足場に教科内容を自力で学ぶ単元内自由進度学習）」「オープン・タイム（自分の興味関心から課題設定・計画・実行する探究型の学習）」の３つの学習プログラムが開発され実践されている[2]。

　前述の「指導の個別化」「学習の個性化」に鑑みれば，「はげみ学習」はプログラム学習の実践イメージに近く「指導の個別化」寄りで，「オープン・タイム」は夏休みの自由研究のイメージで「学習の個性化」寄りと位置付けられる。そして「週間プログラムによる学習」は，教科学習で２つのアプローチを内包し柔軟で最適な学びを実現する実践イメージを持つ。

　これらの実践は，いずれも「個別最適な学び」を実現するものであるが，なかでも単元の水準で展開する「週間プログラムによる学習」は，やり方次第では教科書が示す単元の標準時数を縮めても学習保障が可能であり，カリキュラム・オーバーロードの解消にもつながると考えられる。

　そこで本稿では，緒川小学校で開発され波及しつつある「週間プログラムによる学習」に着目し，その学習方法の特徴と子どもの学びの様子から，カリキュラム・オーバーロード解消への方途を探ってみたいと思う。

　なお，本稿では，これ以降「週間プログラムによる学習」とそこから波及した教科内容を自力で学び進める学習（実践）のことを，より一般的な名称として使われている「単元内自由進度学習」と表現することにする。

2　単元内自由進度学習とは

　単元内自由進度学習は，ある教科（単元）の学習のはじめに行われるガイダンス（導入）と，その単元の終わりに行われるまとめの時間を除いた，授業時間のほとんどを一人で学び進める学習方法である。ゆえに「教科の一人学び」とか「教師が直接的に教えない（間接的に指導する）授業」とも表現できる。緒川小学校では「週間プ

ログラムによる学習」と呼ばれているが，波及した他の学校では，実践の特徴から，自分のペースで学べるので「自由進度学習」，自分で選んで学ぶので「チョイスde学習」，自分の計画にそって進めるので「マイプラン学習」，教師に頼らず自分で頑張るので「チャレンジタイム」など，実践者や実践校で独自の呼称が付けられている。

　写真1は，国語科の単元内自由進度学習の授業風景である。子どもがそれぞれの場所で学んでおり，学習の様子も異なっている。これは各々取り組んでいる課題が，穴埋め問題や問答形式のプリント学習のみならず，例えば「学習コーナーにある資料や掲示物から文豪のプロフィールをまとめる」「解説動画を見て作品の背景を理解する」「近代文学の表現や語句を辞書やインターネットで調べる」「同じ作家の別の作品を読む」など，様々な学習活動が行われているからである。初めて参観した人が「これが授業か？」と驚くのは，全体を一望した時の，その多様さへの違和感なのだろう。

　しかし，全体的に眺めるのではなく，定点観測的に一人の子どもの学習活動を追っていけば，自分に合った学習スタイルで集中して学ぶ子どもの姿を幾つも見つけることができるだろう。多様な活動が展開しているのに教室が騒然としていないのは，互いに適度な距離が保たれながら，一人ひとりが自覚的に自分の課題に取り組んでいるからである。

　ひるがえって，単元内自由進度学習を初めて試みた時に教師たちが感じるのは，予想していた以上に多くの子どもが「夢中になって」「どんどん」学習を進めていくということだ。「子どもたち，案外一人でもできるんですね」と，率直な感想をもら

写真 1　国語科の単元内自由進度学習の授業風景

す教師もいる。日々つねに教師の「指示・発問・応答」で展開していく授業ばかりしていると，子どもが持っている自ら学ぶ力をいつの間にか置き去りにしてしまう。子どもに任せた方が上手くいく機会をことごとく見過ごして，結果，モンテッソーリの言葉通り，大人の手伝いが子どもの自立を妨げてしまうのは，学校での学びにおいても同様なのだろう。

⑴単元内自由進度学習の全体構成と実際

　単元内自由進度学習の全体構成は，「ガイダンス」「学習計画（立案）」「個人追究」「まとめ」の4つからなる。順を追って実際の様子をみてみよう。

①「ガイダンス」と「学習計画」の立案

　はじめに一斉授業による「ガイダンス」が行われる。教師は，これからこの単元で何を学習していくのか，単元の目標に迫る「問いかけ」をしながら，この単元でどんな内容を理解し，何ができるようになるのか，必修課題を終えてチェックテスト等を通過したら，どんな発展学習に取り組めるのか具体例や成果物なども紹介する。

　次に，子どもが自分で「学習計画」をたてる。単元内自由進度学習では，多くの場合，単元の目標達成（山頂）をめざすのに幾つかの学習コース（登頂ルート）があり，どのコースで進むのか，コースの内容説明を聞いて子どもが選択する。学習コースごとに「学習のてびき」と呼ばれるガイド（ルートマップ）があり（**図1**），それを見ながら自分の「学習計画表」に，いつ（何日に）どの課題に取り組むか予定を記入しながら単元全体の見通しを持つ。1教科であれば10時間前後の計画をたてる。

　「1教科であれば」というのは，1教科で行うのが特殊な場合だからだ。単元内自由進度学習は，実践がつくられた40年以上前から，複数教科が同時進行する学習方法だった。だから計画の際には，2つの単元のどちらから先に始めるのかも選択して，2単元の合計時数（実質15〜20時数程度）の時間量を想像しながら，順番や割り振りを構想していくことになる。

②複数教科（単元）同時進行で行う意義

　これだけの長い時間を子どもに委ねる理由は，この学習の指導面のねらいと運営面の事情にある。指導面では，様々な学習場面で子どもが自己調整できる機会をつ

自由進度学習	理科「てこのはたらき」学習のてびき

名前　_____

目標　　　　　　　　　　　　　　　　　　　（標準時間8時間）

・ぼうが水平につり合うときのきまりを調べる。
・「てこ」や「てこ」を利用した道具について調べる。
　　　　　　　　★チェック1　学習カード提出
・「さおばかり」か「てんびん」を作る。
　　　　　　　　★チェック2　作品の提出
・「てこ」のはたらきについて分かる。
　　　　　　　　★チェック3　チェックテスト

学習の流れ

学習内容	教科書	学習カード	答えカード
① てこのはたらきについて調べる。	P72,73	学習カード1	答えカード1
② 力点や作用点の位置を変えると，どうなるかを調べる。	P74～75	学習カード2	答えカード2
③ てこ実験器で，どのようにすればつり合うかを調べ，つり合うときのきまりを考える。	P76～79	学習カード2	答えカード2
④ てこ実験器で，2カ所以上におもりをつり下げた場合について調べ，つり合うときのきまりを考える。		学習カード3	答えカード3
⑤ てこを利用した道具について調べる。	P80～83	学習カード4，5	答えカード4
★チェック1　学習カード1～5を先生に見せる。			
⑥ 「さおばかり」か「てんびん」を作る。	P81, 84	学習カード6	
★チェック2　作品と学習カード6を先生に見せる。			
⑦ チェックテストをやる。		チェックテスト	
★チェック3　チェックテストを先生に見せる。			
━━━ ここまでは，かならず終わりましょう。━━━			
発 ☆ 支点が，力点と作用点の間にない「てこ」のしくみを調べよう。			
展 ☆ たかしくんとよしこちゃんのシーソーの問題を解こう。			
学 ☆ 学校の中にある「てこを利用した道具」を3個以上見つけよう。			
習 ☆ 「もの作りカード」を参考にして，つりあいを利用した物を作ってみよう。			
☆ 「てんびん」や「てこ」についてパソコンで調べてまとめてみよう。			

図1　「学習のてびき」の実際[3]

くり，途中で失敗や誤答をしてもやり直しができたり，納得いくまで繰り返し試せるような余裕を持たせたかったことがある。一方，運営面では，理科の「一人一実験」のように，具体操作や体験を伴う活動も個々で取り組めるよう，器具や道具類の集中的な利用をさけ，つねに不足の状況をつくらないための工夫からだった。

　さらに，2教科同時進行は学習面のメリットもある。例えば，どちらの教科（単元）からやるか選べることで，単純に学習意欲が高まる。異なる教科の学習が同時

に展開されると，取り組む順番の違いで学習の進み具合や活動が個々バラバラになるので，他人の進度が気にならなくなる（真に自分のペースでできる）。不要に待たされることがないので必修課題が予定より早く終わり，発展学習を楽しむことができる，などである。

　ちなみに教科担任制の中学校では，教科内の2単元，例えば理科なら第一分野と第二分野からそれぞれ単元を設定して同時進行で学習したり，社会科では「日本の諸地域」の単元で幾つかの地域を順序選択方式や課題選択方式にして実践が行われている。体育では，マット運動と保健の感染症予防の単元を同時進行で行う実践もあった。体育館の一角に保健の学習コーナーが設けてあり，体調不良等で見学する生徒はそこで保健の学習をするのだが，友達の演技の録画を途中で手伝ったり，他方，マット運動の課題に取り組んでいる生徒が，休憩時にコーナーの壁に貼られた感染症に関する学習ポスターを見ている姿があった。

③「個人追究」

　「個人追究」が始まると，子どもたちは自分の計画にしたがって「学習カード」を拠りどころにしながら，自力で学習を進めていく。教師は子どもの質問に応じたり，予定された課題のチェックにあたったり，子どもが使う学習材の整備や補充をしたり，強い支援が必要な子どもに対応したり，それらの合間に，一斉授業では見られない子どもの個性的な学びの姿を発見したりする。

　また，子ども同士が関わり合う場面も多くみられる。この学習の約束では「他の人のじゃまをしない」「自分で考えても分からない時は友達に相談してもよい」ことになっている。課題解決のプロセスで生じる疑問を声に出したり，それに対してアドバイスするのは，どちらにとっても学ぶ機会となる。もっとも，やりとりの多くは学習カードに書かれた言葉の意味や，何をすべきかを訊ねている程度なのだが，友達の的確なアドバイスに「あぁ，そういうことか」とすんなり理解する場面などに立ち合うと，「なるほど，そう説明した方が子どもには通じるのか」と感心することもある。

　「個人追究」の期間が半ばを過ぎる頃には，最初の計画と実際の進み具合が合わない子どもも出てくる。ある課題に予定以上の時間がかかった場合，残りの時間数（授業回数）と未習の課題の量を勘案し，この先どのように進めるか学習計画を修正・調整する。普段は宿題を出してもやってこない子が「この2枚の学習カードは，土日に

家でやってきてもいいですか」と自分から家庭学習での補充を提案することもある。

　他方この学習は，どの学年で行っても，予定時数の半分ほどで必修課題を全て終えてしまう子どもがいる。終わった子から随時チェックテストに取り組み，その結果を教師に報告する。あるいは「教師チェック」を受けることもある。チェックテストができていなかったり，教師の前で十分なパフォーマンスを示せない場合は，課題をやり直したりすることもあるが，ここでは子どもをあまり「追い詰めない」で，発展学習に進むことも大事だ。

④学習の個性化をねらう「発展学習」

　発展学習は，単元の学習内容を活かして（ここが重要），楽しく面白くやりがいのある（ここがポイント）課題になっている。ガイダンス時に「早く終わった人はこんなことも挑戦できる」と発展課題の幾つかの例を紹介すると，発展学習がやりたくて必修課題を頑張る子も出てくる。

　発展学習の内容を考えることは，教師にとっても高度な教材研究になる。これまで見聞きしたものでは，例えば，算数科の図形領域で町の立体地図をつくる，奈良の大仏の手のひらを実寸で描く，理科の「消化と吸収」を寸劇で表現する，「つりあい」でモビールをつくる，社会科では天下統一をテーマにカードゲームを考案する，県の特色をトリックにした推理小説を書く，などなど，大人もはまりそうな魅力的な課題で，子どもは苦労しながら楽しんで取り組んでいる。なかには発展課題をさらに発展させる子どももいる。

⑤「まとめ」

　個人で学習する期間が終わると，最後に一斉で「まとめ」の授業が行われる。単元の学習内容の確認をしながら，ガイダンス時の「問いかけ」もここで決着がつくよう工夫されている。必修課題で個性的なまとめ方をしたり，丁寧につくられた作品が紹介される時もある。これらがすべて復習の機会になっている。なお多くの場合，この時間に単元テストなどが行われることはない（単元によっては，市販の単元テストを使わないこともある）。

　発展学習の成果もここで紹介される。成果の内容が多彩だったり力作が多い時には，発表会や鑑賞会のような場を設けて相互評価することもある。

　最後に単元全体を通して自分の学びはどうだったか，振り返りを行う。

⑵学習効率がよければ時間は短縮される

　単元内自由進度学習は，このように見通しと調整を繰り返しながら，自分で選択して自分のペースで学習していく。この学習では，意味なく待たされることや不当に時間が打ち切られることがないので，個々人の学習時間効率は極めてよい。効率という言葉を好まない教師は多いように感じるが，一人ひとりが自分に合ったやり方で学習する（そのやり方も子どもが選択したり考える）のであれば，子ども自身がコントロールする効率のよさとなるので，いわば「勉強効率」を上げることになる。このように，単元内自由進度学習は，自分に合った学習法を自分で見つけて，学習力をスキルアップしていく機会にもなっている。

　結果的に，ほとんどの子どもが，教科書会社が設定している単元ごとの標準時数よりも少ない時間で学習を終えられるので，単元の組み合わせ方や，合科単元にすることで，「時数圧縮」が可能となる。

　授業で「教えることがたくさんあって時間が足らない」というのは，教師がすべてをコントロールする場合において起こりうることであって，教科の指導事項の内容を子どもの学習に委ねれば，カリキュラム・オーバーロードの問題はうまく解消できるのではないかと考えている。

3　「個別最適な学び」もう一つの視点～環境による教育

　自分のペースや自分に合ったやり方という時に，案外見過ごされてしまうのが場所（学習空間）や物的環境の問題である。例えば，教室にある個人机と椅子がうまく体に適合していないことで，集中しにくくなっている子どもは相当数いると考えられる。低学年の教室には「正しい姿勢」の掲示物が貼られているのを見かけるが，あの姿勢を長時間保てる子どもは少ないと感じている。いいか悪いかは別にして，自分の好きな場所で集中して読んだり書いたりしている時の子どもの姿勢や様子は，観察してみると実に多様だ。夢中で考えている時は無意識に足を組んでいたり立て膝をする子もいるし，立ったままで学習する方が集中できるという子どももいる。姿勢の悪さによる影響とその改善については検討が必要だが，その問題につい

ては，別にあらためて考えたい。

　パーソナルスペース（他人に近付かれると不快に感じる空間）も子どもによって異なる場合がある。また，広い机で資料をひろげて学習する方がやり易い子もいれば，壁に向かって視界を狭めて集中したい子もいる。

　このように見ていけば，その子にとって最適な（安心して集中できる）場所（学習空間）の確保や物的環境を整えることも，「個別最適な学び」を実現する重要な手だてになってくる。単元内自由進度学習の様子を参観すると，教室の自席で学習する子ももちろんいるが，課題や活動の内容によっては，都合のよい場所を自分で見つけたり選んだりして学習している子どもも多い。廊下も通行に支障がない程度に奥行きの浅い長机を置けば，そこで学習する子どもはかなりの確率で現れる。国語の課題をやるために，教室から離れた図工室で（教師には居場所を伝えている）動画資料を繰り返し見てはメモをとって思案している子どももいた。このように，特に小学校の特別教室は，その教室の機能（水道設備がある，作業机が広い，防音されている等）に着目して，臨機応変に様々な教科学習でも活用していきたい。

⑴空間の持つ教育力への着目～アフォーダンス理論

　単元内自由進度学習の授業づくりにおいて，従来の発問構成や板書計画に相当するのが，物的な学習環境の整備である。「環境を整えただけで，それが教師の代わりになるのだろうか」という疑問はよく耳にする。これに応えるためには「アフォーダンス」の概念を理解しておくことが重要だろう。

　アフォーダンス（affordance）は，アメリカの知覚心理学者ギブソンが，1950年代にafford（「与える，提供する」という意味の動詞）からつくった造語で，心理学事典には「動物との関係において意味をなす環境の特性」と定義されている。のちに，ノーマンがデザインの認知心理学的研究の中で展開した「アフォーダンス理論」によって，建築やプロダクトデザイン分野などにも，その概念が広く知られることとなった[4]。

　アフォーダンスとは，物的環境は常に何らかのメッセージを発しており，受け取る人の行動に影響を与えている，という考え方である。

　例えば，学校の廊下を例にして説明してみよう。学校には昔から「廊下は走らない」という紙が貼られている。しかし，なぜか走る子どもはいなくならない。その

原因を，教師の指導や子どもの問題といった，人に求めるのではなく，物に求めるのがアフォーダンスである。すなわち，廊下という長く一直線で見通しがよく，床は硬くて寒々とした物理的空間（環境）が，人に走る行為を導いて（アフォードして）いる，と捉えるのだ。だとすれば，張り紙による注意喚起ではなく「走る」以外の行為を誘発する工夫を廊下に施してみることで，状況は変わってくるのではないか。

　ある学校では，80mの直線廊下に5m間隔で観葉植物を飾ったり，所々に子どもが好きな本や学習マンガやパズルを置いてみたところ，走る子どもが減ったそうだ。観葉植物や本などの存在によって，廊下に通行以外の機能や用途が付加され，子どもの動きに影響を与えたと考えられる。

　教育の現場で，アフォーダンスがもっとも効果的に機能しているのが幼児教育である。そこでは，遊びを誘導する場面や安全配慮などで，アフォーダンスの概念がうまく生かされている事例を多くみかける。また，遊びを通して成長を促す，あるいは遊びを洗練された質の高いものにするために，物的環境を意図的・計画的に工夫する方法があり「環境構成」と呼ばれている。

　ひるがえって，単元内自由進度学習において，子どもの主体的で自律的な学びが成立するよう，意図的・計画的に物的環境を整備する方法は「学習環境づくり」とか「学習環境整備」と呼ばれている。

⑵子どもの学びと学習環境整備

　学習環境整備には「学習活動を刺激する環境」と「学習を促進する環境」の2つの整備がある。掲示物や展示物も含め子どもの学習の拠りどころとなる学習材を，刺激と促進のどちらに重点をおいて整備するかは，教科単元の特性や子どもの学習適性によって時々で変わってくる。そこに整備する教師の個性も加わるので，同じ単元でも学校によって学習環境の様子は異なる。

　事例を通して，それぞれの環境の具体的な工夫についてみてみたい。

①学習活動を刺激する環境整備の工夫

　子どもの知的好奇心を刺激するような掲示物づくりは，一斉授業で教師が子どもたちに注視させる資料とは一味違う。特徴は，遠くから見て，思わず「何だろう」

と引き寄せられるようデザインを工夫している点である。学習内容のキーワードとなる用語や単元のねらいに迫る文章（問いかけ）は，文字が目立つように造作したり，資料の掲示もどこがポイントなのか分かるよう，色や形で明示的にアクセントをつける。イラストや写真なども多用して，視覚的にも学習内容がイメージできるようにしている。

　こうした掲示物を通しての教育活動は，保健室での健康指導や図書室での読書指導などで，従来から盛んに行われてきた。保健室や図書室を子どもたちの身近な場所にするための雰囲気づくりや，間接的指導の媒体としての掲示物づくりには，様々な実践やノウハウの蓄積があり，学習環境整備にとても参考になる。

　教室で居心地悪さを感じている子どもが，保健室や図書室でホッとするのは，クラスの子どもの視線や教師の注意から逃れるためだけではなく，その空間が魅力的であることも大きな要因となっているのだろう。

　写真2と**写真3**は，3年生国語科の学習コーナーである。読み書きが苦手で嫌いな子どもが教科書の教材（世界の家を紹介する説明文）に興味を持つよう，壁に世界各地の家の絵を大きく掲示し，地球儀や珍しい家の立体模型を置くなど環境を工夫している。整備前と比べてみると雰囲気の違いは一目瞭然である。カラフルなテントを「ゲル」に見立てて設置すると，子どもたちは入り込んで本を読むようになった。登校をしぶる子どもの母親から「テントが教室にやってきてから，学校に行きたくないと言わなくなった」と言われたそうだ。

写真2　国語科の学習コーナー整備前　　写真3　国語科の学習コーナー整備後

②学習を促進する環境整備の工夫

　5年生社会科「自然を生かしたくらし」は，南国と雪国それぞれの自然環境や生

活・文化について学習する。この単元では，まずどちらの地域から先に学ぶか，また地域の「気候・自然」「くらし」「仕事」「歴史・伝統」の項目について，どれから調べるかを子どもが決める「順序選択方式」で授業が行われた[5]。

この学習では，子どもが様々な方法で学べるよう，課題や学習環境が工夫されていた。例えば，資料を読んでまとめる課題だけでなく，見る・聴く・味わうなど体感的活動にも取り組めるよう，写真やDVD資料を用意して自由に見られるようにしたり（**写真4**，**写真7**），サトウキビをかじってみるコーナーや「かんじき」体験コーナー（**写真5**）を設けた。「かんじき体験装置」は，雪の代わりにシュレッダーで出た紙屑を利用している。片方の足にかんじきをつけて足踏みすると，沈み具合の違いを感じることができる。大人が試しても沈まない様子を見て，子どもたちは歓声をあげていた。

社会科の体験コーナーや写真が掲示された学習コーナーは，教室に連続したオープンスペースに設けられており，資料を広げて見たい子や動画を視聴したい子は，教室から近い家庭科室を利用するようにした（**写真6**）。教室，オープンスペース，家庭科室と学習場所が分散することで一人ひとりの活動に十分な広さが確保できていた。

一斉授業では全員がかんじき体験できるような準備はできないし，動画も繰り返

写真4　写真をから気付いたことをまとめる

写真5　実際に体験して気付く

写真6　家庭科室の広い作業机を利用

写真7　動画を繰り返し視聴して考える

し見せることは難しい。その点，この学習では，課題の順番を自分で決めたり，自分に合った学習方法や様々な情報（媒体）を選ぶので，活動の重なりが少ない。だから，何度でも体験して試したり，繰り返して学習することが可能になる。また同じ内容でも，資料を読むのと，写真を見るのと，動画を視聴するのと，体験するのでは，着眼点や思考の行先も違ってくるだろう。様々な追究の仕方で得た知識を比較し関連付けることで，その子ならでは発見や深い学びにつながっていくと考えられる。

　学習環境整備は，実のところ手間がかかる。しかし実践する教師たちは，自分がつくった環境で，子どもが夢中になって学ぶことの充実感や楽しさを味わい，自分なりのこだわりを見つけたり，自分らしい学び方を磨いていく様子を見取っては，心の中でガッツポーズして「次はもっといいものをつくろう」と思うそうだ。

　子どもの主体的で自律的な学びのために学習環境をつくる原動力は，そこでの子どもの成長の姿をみるために，ただあるのかもしれない。

[引用・参考文献]

1　加藤幸次著『個別化教育入門』教育開発研究所，1982年

2　愛知県東浦町立緒川小学校著『個性化教育へのアプローチ』明治図書，1983年

3　小山儀秋監修，竹内淑子著『教科の一人学び「自由進度学習」の考え方・進め方』黎明書房，2019年

4　D.A. ノーマン著，岡本明ほか訳『誰のためのデザイン？』新曜社，2015年

5　佐野亮子「本気で任せる授業」齊藤一弥・奈須正裕・佐野亮子著『しっかり教える授業・本気で任せる授業』ぎょうせい，2014年

あとがき

　カリキュラム・オーバーロードとは，授業時数との関係において，教育内容なり学習活動が過剰になっている状態を指す。したがって，これを解消する試みは，どうしても内容の削減だとか授業の効率化といった方向へと向かわざるを得ない。ところが，これが教育関係者には実に評判がわるい。

　「少しくらい時数が厳しいからといって，内容の削減なんかしたら深刻な『学力低下』に陥ってしまい，取り返しのつかないことになる。そうなった時，誰が責任を取るんだ」といった批判は，その代表的なものである。

　あるいは，「そもそも教育という営みに効率などという言葉を持ち出すことからして間違っている」というお叱りの声もよく聞かれる。

　これらの批判を恐れるあまり，かなり以前からオーバーロードになっており，このままではまずいことになると気付いていたにもかかわらず，見て見ぬふりをし，先送りしてきたことが，今日ここまでの事態の深刻化を招いたのではないか。その意味でも，批判の声にしっかりと向き合う必要がある。

　前者の多くが取り越し苦労に過ぎないことは，附属福岡小の実践研究などからも明らかである。めざす子どもの育ちを明確化し，必要十分なものを丁寧に精査していけば，かなりの内容が削減可能であり，豊かな学力の着実な保障という観点からは，むしろその方がカリキュラムの有効性は高まる。

　厄介なのは後者であろう。なぜなら，具体を批判しているわけではなく，一種の精神論だからである。効率という言葉なり発想が教育という営みに似つかわしくない，もっとありていにいえば，効率化などという考えを持つこと自体が，教育という神聖な営みを汚すくらいにお怒りなのである。

　しかし，私はそうは思わない。なぜなら，私たちが教育という営みを展開している時間という資源は，もともとは子どもたちが所有するものであり，私たちはそれを預かっている，もっといえば奪っているのである。

　子どもの側からすれば，かけがえのない時間を大人に預けているわけで，それを使ってあれこれ教えてくれるのは，まあ百歩譲ってありがたいと殊勝にも考えてく

れたとしよう。しかし，せめてものこととして，その貴重な時間をできるだけ大切に使って教えてほしいと願うのではないか。すると，そこに効率という発想が出てくるのは何ら不思議なことではなく，むしろ，子どもたちに対して誠意を尽くそうとした当然の帰結ともいえる。

　私たち教育関係者には，できるだけ効率的に子どもの学びを実現する責務がある。実際，同じ質の学びなり育ちを，より少ない内容で，またより短い時間で達成できるならば，それは子どもにも教師にも福音であろう。

　大切なのは，効率化を図った場合にも，子どもの学びなり育ちの質がそうでない場合と同程度かそれ以上に高まることである。もしかすると，効率化と聞いただけで顔をしかめる人たちは，反射的に授業の単純で形式的なスピードアップや，子どもがじっくりと考える機会の断念などをイメージしているのではないか。しかし，それらは最も学びの質を損なう行為である。

　もちろん，私たちはそんな愚行を薦めているわけではない。そんなものを効率化としてイメージすることがそもそもの間違いであり，それをもって効率化それ自体をも排斥しようとするのは，結果的に子どもたちの信託に十分応えようとしない状況をもたらすがゆえに，決して望ましいとはいえない。

　本書でみてきた通り，カリキュラム・オーバーロードの解消に向けて様々に試みられてきた効率化の取組みは，学びの質を担保しつつ時間的な余裕を生み出す工夫であり，その時間を生かして子どもたちの納得いくまでの探究や貴重な体験，豊かな活動の展開を保障してきた。

　その意味でカリキュラム・オーバーロードへの挑戦は，子どもの基本的人権としての学習権・発達権をよりよく保障する方策を，従来の常識にとらわれることなくめざす営みにほかならない。そういった観点から，私たちは今後も果敢な挑戦を続けていきたいと念願する。

執筆者一覧

【編集】

奈須　正裕●上智大学教授

【執筆】（執筆順）

白井　　俊●文部科学省初等中等教育局初等中等教育企画課教育制度改革室長

合田　哲雄●内閣府科学技術・イノベーション推進事務局審議官

奈須　正裕●上掲

福岡教育大学附属福岡小学校

筑波大学附属小学校

山口大学教育学部附属山口小学校

松倉紗野香●埼玉県立伊奈学園中学校教諭

齊藤　一弥●島根県立大学教授

江間　史明●山形大学教授

池田　　真●上智大学教授

福本　　徹●国立教育政策研究所総括研究官

佐野　亮子●東京学芸大学非常勤講師

（肩書は本書刊行時のもの）

■編著者

奈須正裕 なす・まさひろ

上智大学総合人間科学部教育学科教授。博士（教育学）。1961年
徳島県生まれ。徳島大学教育学部卒、東京学芸大学大学院、東京大
学大学院修了。神奈川大学助教授、国立教育研究所室長、立教大学
教授などを経て現職。中央教育審議会初等中等教育分科会教育課程
部会委員。主な著書に『子どもと創る授業』（ぎょうせい）、『「資質・
能力」と学びのメカニズム』（東洋館出版社）、『次代の学びを創る知
恵とワザ』（ぎょうせい）など。編著に『新しい学びの潮流（全5巻）』
（ぎょうせい）、『教科の本質から迫るコンピテンシー・ベイスの授
業づくり』（図書文化社）、『教科の本質を見据えたコンピテンシー・
ベイスの授業づくりガイドブック』（明治図書）など。

「少ない時数で豊かに学ぶ」授業のつくり方
脱「カリキュラム・オーバーロード」への処方箋

令和 3 年 8 月10日　第 1 刷発行
令和 6 年11月20日　第 3 刷発行

編著者　奈須　正裕
発　行　株式会社ぎょうせい

〒136-8575　東京都江東区新木場1-18-11
URL：https://gyosei.jp

フリーコール　0120-953-431

ぎょうせい　お問い合わせ　検索　https://gyosei.jp/inquiry/

〈検印省略〉

印刷　ぎょうせいデジタル株式会社　　　　　　　　©2021　Printed in Japan
※乱丁・落丁本はお取り替えいたします。

ISBN978-4-324-11002-7
(5108715-00-000)
〔略号：カリキュラム・オーバーロード〕